GIN

Geschichte ✦ Herstellung ✦ Marken

GIN

Geschichte ✦ Herstellung ✦ Marken

Inhaltsverzeichnis

GESCHICHTE DES GINS

Die Historie des Gins ist eng mit der englischen Geschichte verbunden. Seinen Ursprung aber hat er im Genever, einem aus Holland stammenden Wacholderschnaps.

Die Geschichte des Gins

... beginnt naturgemäß mit seinen wichtigsten Inhaltsstoffen, also dem Wacholder und natürlich dem Alkohol.

Wacholder (Juniperus)

Der Gemeine oder Heide-Wacholder, botanisch *Juniperus communis L.*, ist der in Europa am weitesten verbreitete. Die gesamte Gattung *Juniperus* aus der Familie der Zypressengewächse umfasst etwa 50 bis 70 Arten, der Gemeine Wacholder zählt sieben Varietäten. Wacholder begleitet den Menschen schon sehr lange. In der Höhle von Lascaux, die, je nachdem, welchem Forscher man glauben mag, zwischen 20 000 und 40 000 Jahre alt ist, gibt es berühmte Malereien. Zum Malen benötigten die Steinzeitmenschen natürlich Licht, und was fand man hier? Steinlampen mit einem Docht aus Wacholderholz. Auch bei anderen paläolithischen Ausgrabungen fand man Hinweise auf Wacholder. Ob unsere Vorfahren die aromatischen Wacholderbeeren ebenfalls verwendeten, lässt sich nur vermuten. Naheliegend wäre es. In einer Zeit, in der noch kein Ackerbau betrieben wurde und man sich von dem ernähren musste, was gesammelt oder gejagt werden konnte, erscheint es eher unwahrscheinlich, nur das Holz des Baumes zu verwenden, nicht aber dessen Beeren oder Früchte. Für spätere Zeitpunkte gibt es jedoch sichere Belege. Ein bei den Ägyptern beliebtes Räucherwerk, das „Kyphi", enthält unter anderem Wacholder als Inhaltsstoff.

In der Medizingeschichte finden sich zahlreiche Beispiele dafür, dass Wacholder als Heilmittel oder zur Prävention verwendet wurde. Hieronymus Brunschwig schrieb 1500 in seinem „Kleinen Destillierbuch" der „Weckolter beer" zahlreiche positive medizini-

Das „Kleine Destillierbuch" des Arztes Hieronymus Brunschwig (1450–1512) gilt als erstes wichtiges Kompendium in Sachen Destillationsmethoden und -techniken.

sche Wirkungen zu. Es war für die Menschen also naheliegend, mit dem Aufkommen der Destillation auch Wacholder zu verwenden.

Der Alkohol kommt ins Spiel

Genau wie Wacholder ist Alkohol ein sehr alter Begleiter der Menschheit. Er entsteht auf natürliche Weise bei der Vergärung von Zucker durch Hefekulturen. Es ist also durchaus möglich, dass bereits der frühe Homo sapiens mit Alkohol in Kontakt kam oder diesen sogar selbst herstellte – allerdings noch ohne Destillation.

Die frühesten gefundenen Gerätschaften, die zum Destillieren dienten, stammen aus Mesopotamien, geschätztes Alter zwischen 5000 und 6000 Jahren. Um Alkohol ging es dabei jedoch noch nicht, eher um Medizin und kultische Zwecke. Durch Aristoteles wissen wir, dass in der Antike Meerwasser durch Destillieren trinkbar gemacht wurde. Er erwähnt außerdem, dass man Wein auf ähnliche Weise behandeln konnte. Ein griechischer Alchemist des späten 3. und frühen 4. Jahrhunderts, Zosimos aus Panopolis, beschreibt ebenfalls Destillationsgeräte. Auch im arabischen Raum wurden Werke zur Destillation verfasst. Alkohol wird dort aber erst sehr viel später erwähnt. Um 1600 schreibt Abû'l Fazal Allani über die Herstellung von Arrak. Eine besondere Bedeutung kam der Stadt Salerno zu. In seinem Buch „Short History of the Art of Distillation" geht der Autor R. J. Forbes davon aus, dass hier ab 1130 erstmals Alkohol destilliert wurde. Ein später weitverbreitetes Werk zur Alkoholdestillation war das bereits erwähnte „Kleine Destillierbuch", in dem Hieronymus Brunschwig um das Jahr 1500 unterschiedliche Methoden beschreibt.

Vorläufer des Gins

Gin, so wie wir ihn heute kennen, entstand natürlich nicht von heute auf morgen. Als Vorläufer gelten diverse Mischungen aus Alkohol und Wacholder sowie teilweise weiteren Kräutern. Lange Zeit war die „Naturalis historia" des römischen Historikers und Schriftstellers Plinius des Älteren mit ihren 37 Bänden die umfangreichste Enzyklopädie. In Buch 24 befasst sich Plinius mit Heilmitteln von wild wachsenden Bäumen. Dort findet sich auch ein Kapitel über Wacholder, den er je nach gewünschter Wirkung mit Rotwein oder Weißwein oder in Wein gekocht empfiehlt. In mittelalterlichen Klostergärten wurde eine Vielzahl an Heilkräutern und Beeren gezogen, die oft in Alkohol gelöst, als Medizin Anwendung fanden. Eine weitere alte Verwendung von Wacholder findet sich in dem finnischen Bier „Sahti". Seine Geschichte reicht mindestens bis ins 15. Jahrhundert zurück. Dieses Bier war das Getränk der einfachen Leute, es wurde überwiegend zu Hause für den eigenen Gebrauch gebraut. Beim Brauen gab man Wacholderbeeren in den Sud hinzu, und es wurde durch Wacholderholz gefiltert. Während in Südeuropa Wacholder lange überwiegend als Arznei diente, verwendete man im Norden diese Beeren auch in Getränken, die der „Erfrischung" und dem „Vergnügen" dienten.

Als eigentlicher Vorläufer des Gins, so wie wir in heute kennen, gilt der Genever bzw. Jenever. Im Allgemeinen wird den Holländern zugetehalten, die Destillation verfeinert zu haben. Die erste Erwähnung von „Geneverbessenwater", also ein „Wasser" aus Wacholderbeeren, stammt aus dem „Constelyc Distileerboec", von Phillip Hermanni, das 1552 zum ersten Mal in Antwerpen gedruckt wurde. Gut 20 Jahre später stellte Professor Sylvius de Bouve von der Universität Leiden etwas her, dass er „Genièvre" nannte: Getreidebranntwein mit Wacholderöl. Für das Jahr 1575 gibt es zudem die ersten Zeugnisse der Familie Bulsius, die in Amsterdam eine Brennerei besaß. Es handelte sich vermutlich um Glaubensflüchtlinge, die aus Antwerpen über Köln nach Amsterdam gekommen waren. Es wird angenommen, dass sie das Rezept von de Bouve übernahmen. Heute heißt die Firma Bols und gilt als älteste Brennerei der Welt. Bols obliegt die Ehre, die Ersten gewesen zu sein, die begannen, Genever zu vermarkten.

Genever wird in England bekannt

Einen besonderen Einfluss auf die Genese des Gins hatte der Spanisch-Niederländische Krieg, der auch unter dem Namen „Achzigjähriger Krieg" (1568–1648) bekannt ist. Im Zuge dieses

The Dry Martini

Über den Dry Martini zu schreiben ist ein schier uferloses Unterfangen, gibt es doch alleine über diesen Drink eigene Abhandlungen und Bücher. Wie man den König der Cocktails zubereitet, obliegt mehr der persönlichen Vorliebe, als dass es eine in Stein gemeißelte Vorgabe gäbe. Selbst über die Zutaten wird zumindest diskutiert. Nur seine Herkunft ist praktisch unumstritten: Der Drink wurde zuerst in Amerika zubereitet. Gegen Ende des 19. Jahrhunderts war in den USA eine Mischung aus Wermut und Gin sehr verbreitet. Der Wermut stammte meist aus Italien und war von der roten, süßen Art.

Die meisten Cocktail-Historiker bezeichnen den Cocktail „Martinez" als einen Vorläufer dessen, was heute Dry Martini genannt wird. Referenz ist das Rezept in Jerry Thomas „Bartender Guide" in der Ausgabe von 1887. Thomas war der bekannteste Bartender seiner Zeit, und sein Buch gilt als eines der Ersten überhaupt, das sich mit gemischten Drinks beschäftigt und Rezepte auflistet. Der Drink wäre heute den meisten deutlich zu süß, besteht er doch aus 3 cl Old Tom Gin (dieser ist mit Zucker gesüßt), 12 cl Wermut, zwei Spritzern Maraschino und einem Spritzer Boker's Bitter (wird nicht mehr hergestellt). Erstmals erwähnt wurde er allerdings 1884 in dem Buch „The Modern Bartender" von O. H. Byron. Hier ist zu lesen, dass der „Martinez" ein Manhattan Cocktail ist, bei dem der Whisky durch Gin ersetzt wird. Der Manhattan in diesem Buch besteht allerdings auch aus 3 cl Wermut und 1,5 cl Whisky, plus etwas Zuckersirup und Angostura Bitter – also ebenfalls eine süße Angelegenheit. Der Name Martinez ist natürlich nicht minder umstritten.

Im Laufe der Zeit änderte sich die Rezeptur zu weniger süß. In einem anderen Standardwerk, Harry Johnsons „Handbuch für Bartender", gibt es in einer Ausgabe von 1900 einen Martini Cocktail mit einem Verhältnis Wermut zu Gin 6 cl zu 6 cl, dazu ein Spritzer Curaçao, zwei bis drei Spritzer Boker's Bitter (als Alternative erwähnt er Orange Bitter) und zwei Spritzer Zuckersirup. Der Dry Martini stammt folglich zumindest von diesen Drinks ab. Wann er, so wie wir ihn heute kennen, tatsächlich zum ersten Mal zubereitet wurde, ist jedoch unklar.

Es gibt dazu zumindest eine gute Geschichte, die John Doxat in „Stirred not Shaken" (London, 1976) niederschrieb. Demnach besuchte der Ölmagnat John D. Rockefeller, zu dieser Zeit schon über 70 Jahre alt, etwa 1910 öfter die Cocktailbar im Knickerbocker Hotel in New York. Für gewöhnlich soll er dort „Gin and French" getrunken haben, eine Mischung aus Gin und französischem Wermut zu gleichen Teilen. Der Barkeeper, ein gewisser Martini di Arma di Taggia, schlug eines Tages eine Variation vor. Er rührte die

Der Dry Martini – immer noch ein Klassiker, den ein guter Barkeeper beherrschen sollte.

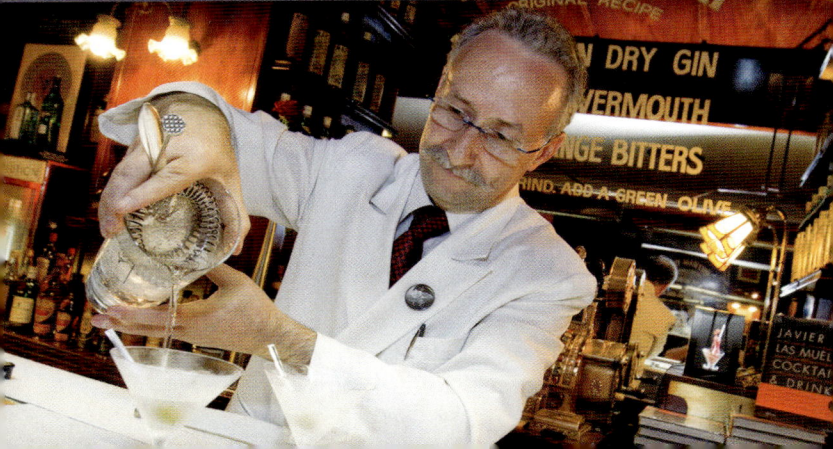

Zutaten, importierter London Dry Gin, zu gleichen Teilen trockener (French) Wermut und gab einen Spritzer Orange Bitter hinzu. Alles wurde in ein Glas abgeseiht, mit einer Olive garniert und einem Stück Zitronenzeste abgespritzt. Rockefeller fand Gefallen daran und meinte, das Getränk solle Martini oder noch besser „Dry Martini" heißen. Doxat behauptet, die Geschichte direkt von einem ehemaligen Mitarbeiter dieses Martini di Arma di Taggia berichtet bekommen zu haben.

Wie viele Geschichten hat auch diese mindestens eine Schwachstelle. Der italienische Wermutproduzent Martini & Rossi begann bereits 1867 in die USA zu exportieren, und 1910 gab es den Wermut in den USA nahezu überall in großen Mengen. Es existiert zudem ein Beleg über eine Anzeige in einer US-Zeitung von 1906, in der Martini & Rossi den „Original Martini Cocktail" bewarb, mit 1/3 Martini & Rossi und 2/3 Tanqueray Dry Gin, einem Spritzer Orangebitter und etwas Zitronenzeste. Dieser Wermut war jedoch höchstwahrscheinlich rot und süß. Martinis waren also sicher schon bekannt. Ein weiterer Beleg ist eine Speisekarte des Hotel Flanders in der Speisekartensammlung der New Yorker Public Library. Das Hotel richtete für die Jury der Philadelphia Dog Show ein Bankett aus. Zu den Austern wurden „Martini Cocktails" gereicht. Datum des Banketts: 22. November 1899 – also ein gutes Jahrzehnt vor der angeblichen Szene im Knickerbocker Hotel.

Von 1896 an wurden Martinis zudem in Kurzgeschichten oder Romanen erwähnt. Am berühmtesten sicher in Jack Londons „Lockruf des Goldes". Der Protagonist Elam Harnish, Spitzname „Burning Daylight", entwickelt darin seine Liebe zum Martini, aus der man herauslesen kann, dass Martinis üblicherweise vor dem Essen getrunken wurden und dass sie bereits eine normale Sachen waren. Es gibt noch einen anderen Hinweis: Eine Variante des Martinis ist der „Gibson", bei dem die Olive als Dekoration durch eine Perlzwiebel ersetzt wird. Namensgeber ist Charles Dana Gibson, ein amerikanischer Cartoonist und Illustrator, der durch seine über mehrere Jahrzehnte in amerikanischen Zeitschriften erscheinenden Cartoons bekannt ist. Angeblich ging er mit Freunden gerne zur Happy-Hour-Cocktailstunde in den Player's Club in New York. Da er im Gegensatz zu seiner Gesellschaft danach öfter noch zeichnen wollte, hatte er angeblich mit dem Barkeeper einen Code ausgemacht: Wenn sein Martini nur aus Wasser bestand, befand sich als Erkennungszeichen darin eine Perlzwiebel: So blieb der Künstler nüchtern, und die Zeichnungen gelangen. Gibson war wohl ein Trendsetter. Es dauerte nicht lang, und die Perlzwiebel wurde auch in einem richtigen Martini zur Dekoration, und der Drink erhielt den Namen Gibson – all das bereits vor 1910. Auch einige berühmte Trinker sorgten für die Bekanntheit dieses Drinks, der bekannteste ist wohl Ernest Hemingway. Er entwickelte im Lauf der Zeit aber mehr den Hang zum Daiquiri. Schauspieler und Vieltrinker W.C. Fields trug angeblich immer eine Art Thermoskanne gefüllt mit Dry Martini bei sich.

War der Martini zu Beginn eine 50:50 Mischung von Gin und Wermut mit einem Spritzer Orange Bitter, gingen die Verhältnisse in den 1960er-Jahren von 5:1 (also fünf Teile Gin zu einem Teil Wermut) bis zu 12:1, oder auch ganz ohne Wermut, also nur noch kalt gerührter Gin. Nach einer langen Phase des Niedergangs kam es ab Mitte der 1980er-Jahre zu einer Renaissance der Cocktail-Kultur. Die Wiedergeburt begann in den 1990er-Jahren. Mit dem Einsetzen des neuen Gin-Booms gewann der Dry Martini wieder langsam an Boden.

Unabhängigkeitskampfs der Niederländer gegen die spanische Krone schickte die englische Königin Elisabeth I. 1585 Truppen in die niederländischen Provinzen. Dort machten die englischen Soldaten mit einem Getränk Bekanntschaft, das sie „Dutch courage" nannten: Ein ordentlicher Schluck Genever vor dem Gefecht erhöhte den Mut und die Kampfkraft der verbündeten holländischen Soldaten. Die Holländer waren mit ihrer Ostindien-Kompanie zu dieser Zeit die größten Händler für Waren aus Asien, darunter Kräutern, die beim Brennen von Genever verwendet wurden.

Gin Craze

Als „Gin Craze" (Gin-Epidemie) wird eine Zeit in der ersten Hälfte des 18. Jahrhunderts bezeichnet, in welcher der Ginkonsum der Engländer, insbesondere der Bewohner Londons, ein ungeheures Ausmaß erreichte. Ihren Ausgang nahm diese Entwicklung von den politischen Ereignissen während der „Glorious Revolution" Ende des 17. Jahrhunderts. Der katholische König von England, Jakob II., wurde de facto vom Parlament entmachtet. Teile des Parlaments riefen 1688 Prinz Wilhelm III. von Oranien-Nassau, der seit elf Jahren mit einer Tochter Jakobs II., Prinzessin Maria von England, verheiratet war, zu Hilfe. Als Wilhelm in England landete, floh Jakob II. ins Exil nach Frankreich. Das Parlament wertete dies als Abdankung. Wilhelm und Maria wurden als neues gleichberechtigtes Herrscherpaar anerkannt und im April 1689 gekrönt. Gleichzeitig mit dem neuen „niederländischen" König wurde auch der Genever in England populär.

Begünstigt wurde sein Siegeszug noch durch einen anderen Umstand: Verpönt war nun alles Katholische, somit auch Frankreich und seine Genussmittel. Bis zu dieser Zeit genossen französische

Weinbrände, seien es Cognac oder Armagnac, große Beliebtheit. Whisky dagegen galt als etwas für die verrückten Schotten oder die Iren. Rum war für Seeleute und die Kolonien. Mit der Handelsblockade gegen Frankreich schwanden die Vorräte an Brandy, und Nachschub war kaum erhältlich. Diesen Platz nahmen allmählich die Lieferungen aus Holland ein – vornehmlich der Genever. Dieser besaß zudem einen großen Vorteil. Er wird aus Getreidealkohol hergestellt, den man auch in England produzieren konnte – im Gegensatz zum Weinbrand. Der König trank am Hof Genever und damit auch seine Entourage, die so ihre Loyalität gegenüber dem neuen Herrscher bekundete. Was am Hof getrunken wurde, erfreute sich schließlich auch beim Volk großer Beliebtheit. Hinzu kam eine „Gin-freundliche" Gesetzgebung. Bereits 1690 beschloss das Parlament den „Distilling Act", nachdem jedermann Schnaps aus Getreide brennen durfte. Die Brenner wurden zudem steuerlich entlastet. Dies kurbelte letztlich die gesamte Wirtschaft an, denn die erhöhte Nachfrage an Getreide bescherte den Bauern ein höheres Einkommen. Diese zahlten ihrerseits nun mehr Pacht an die Landeigentümer, die damals das Parlament dominierten.

Noch etwas kam der Verbreitung des Gins zugute – ein weiterer Krieg: In Deutschland als „Pfälzischer Erbfolgekrieg" bekannt, in England als „The Nine Year's War". Englands Beteiligung beschränkte sich auf die See, gemeinsam mit den Niederlanden kämpfte man gegen Frankreich. Für den kriegsnotwendigen Ausbau der Royal Navy sowie den Schutz des wichtigen Seehandels fehlte jedoch das Geld. Bei seiner Thronbesteigung fand Wilhelm ein zerrüttetes Finanz- und Kreditwesen vor. Neben der Gründung der Bank of England, 1694, sollte ein Gesetz Abhilfe schaffen, das unter anderem die Steuern auf Bier erhöhte. Eine Folge war, dass Bier und Gin nun nahezu dasselbe kosteten, was so manchen Biertrinker auf den Wacholderschnaps umschwenken ließ.

Nach dem Tod von Wilhelm III. wurde seine Schwägerin Anne 1702 Königin. Sie widerrief ein Gesetz, dass es nur der „Worshipful Company of Distillers" beziehungsweise deren Mitgliedern gestattete, in Westminster und London sowie im entsprechenden Umkreis von 21 Meilen zu brennen. In der Folge sprossen Hinterhofbrennereien wie Pilze aus dem Boden, über deren Qualität keiner mehr wachte. Die Worshipful Company of Distillers, die heute noch existiert, war eine Standesorganisation, die 1638 gegründet wurde und eine Monopolstellung innehatte, aber auch Mindeststandards verlangte. Zu dieser Zeit wurde alles mögliche destilliert, unter anderem diverse Versionen von Genever. Das Wort Gin taucht in geschriebener Form erstmals 1714 auf, allerdings kann man davon ausgehen, dass es schon länger verwendet wurde, allein, weil es deutlich leichter auszusprechen war als Genever.

Ab der Jahrhundertwende erlebten zudem die Genever-Brennereien in den Niederlanden einen regelrechten Boom. Fast 85 % der Produktion gingen in den Export, zum größten Teil nach England.

Das alles führte zu einer solch drastischen Steigerung des Ginkonsums, dass man ab den 1720er-Jahren begann, von einer „Gin-Epidemie" oder „Gin-Krise" zu sprechen. In den folgenden gut 30 Jahren erlebte man vor allem in London einen wahren Ginrausch. Die gesundheitlichen und sozialen Folgen waren katastrophal, und der Staat versuchte, dem mit diversen Gesetzen Herr zu werden. Die in rascher Folge zwischen 1729 und 1751 erlassenen „Gin Acts" blieben jedoch sämtlich erfolglos. Als Wilhelm III. den englischen Thron bestieg, stellten die dortigen Brenner jährlich noch gut zwei Millionen Liter „aqua vitae" meist zu medizinischen

Zwecken her. Bis zum Jahr 1727 stieg die Produktion auf knapp 22 Millionen Liter, 1733 waren es bereits 50 Millionen und zehn Jahre später gut 91 Millionen. Das sind nur die offiziellen Zahlen, alles, was nebenbei „schwarz" unter die Leute kam, ist darin nicht erfasst. Man muss dabei berücksichtigen, dass Gin zum allergrößten Teil nur in der Hauptstadt London verkauft wurde, die zu dieser Zeit gut 500 000 Einwohner zählte. Die „Botanicals" wurden damals eher dazu verwendet, schlechten Alkohol zu „maskieren". De facto wurde oft minderwertiger Alkohol mit der Zugabe von Wacholder oder Wacholderöl konsumiert. Gin, wie wir ihn heute kennen, hielt erst mit der Erfindung der kontinuierlichen Destillation Einzug.

1751 wurden schließlich einschneidende Maßnahmen beschlossen, die insbesondere die Schwarzbrennerei einschränkten. Missernten in den Jahren 1757 bis 1760 führten zudem dazu, dass das Herstellen von Alkohol aus Getreide vorübergehend komplett verboten wurde. Gin war nun kein billiges Armeleutegetränk mehr. In diese Zeit fällt auch die Gründung heute noch aktiver Firmen, die ihr Augenmerk jetzt auf Qualität legten: 1761 die Firma Greenall, 1769 Gordon & Company, 1793 der Plymouth Gin der Familie Coates. Am Ende des 18. Jahrhunderts war aus dem Chaos eine etablierte Industrie entstanden, und 1794 waren im Londoner „Trade Directory" 40 ordentliche Brenner verzeichnet. Rund 50 Jahre früher waren es noch 1500 kleinere Betriebe gewesen. Gin herzustellen war zu einem richtigen Geschäft geworden.

Gin auf See

Seit der Übernahme von Jamaica, 1655, bestand die normale Alkoholration für die einfachen Matrosen der Royal Navy bekanntermaßen aus Rum. Bei den Offizieren dagegen wurde Ende des

Tonic Water

Die Geschichte des Tonic Waters begann als Medizin. Angeblich litt im 17. Jahrhundert die Comtesse Ana de Osorio del Chinchón in Peru an Malaria. Als seine Frau mit dem Tode kämpfte und sämtliche Ärzte ratlos waren, stimmte ihr Mann, der spanische Vizekönig, einem letzten Versuch zu. Ein Medizinmann gab ihr von der Rinde des einheimischen Quinquina-Baumes. Die Comtesse wurde geheilt und der lebensrettende Baum nach ihr benannt – er erhielt den Namen Cinchona. So jedenfalls lautet die weitverbreitete Legende.

Sicher ist, dass Jesuiten die Kenntnis von der medizinischen Wirkung des Chinins in der Alten Welt bekannt machten. Chinarindenbäume wachsen ursprünglich in Zentral- und Südamerika, der peruanische Name des Baumes lautet „Quina". Der Hauptwirkstoff in der Rinde, das Chinin oder Quinine, erhielt davon seinen Namen. Es ist das wirksamste der vier Alkaloide, die in der Rinde enthalten sind, und wirkt fiebersenkend und muskelentspannend. Zudem hemmt es den Entwicklungsprozess des Malariaerregers.

1631 schickte der jesuitische Apotheker Agostino Salumbrino von Lima aus die Rinde nach Rom, die dort zur Fieberbekämpfung eingesetzt wurde. Karl II. von England wurde damit in den 1670er-Jahren von einem gewissen Robert Talbor erfolgreich behandelt. Auch den Sonnenkönig Ludwig XIV. heilte Talbor mit ihr. Das Pulver aus der Rinde wurde dadurch bald wertvoller als Gold. Schnell erkannte man, dass sich die wirksamen Inhaltsstoffe in Alkohol besser lösen als in Wasser. Mitte des 19. Jahrhunderts begannen Briten und Niederländer, Samen des Baumes in ihren Kolonien anzupflanzen. Die Niederländer waren in Java damit am erfolgreichsten und avancierten zu Beginn des 20. Jahrhunderts

Das in Tonic Water enthaltene Chinin wurde als Mittel gegen Malaria eingesetzt.

zum größten Chinin-Produzenten der Welt. Das blieb bis zum Zweiten Weltkrieg so, dann wurde synthetisches Chinin entwickelt.

Chinin wurde nicht nur zur Behandlung verwendet, sondern auch zur Vorbeugung. Da es sehr bitter schmeckt, begannen die britischen Kolonialherren in Indien, Chinin zunächst mit Zucker und Wasser zu mischen. Später kam Gin hinzu, dem ebenfalls eine Heilwirkung zugeschrieben wurde. Ergänzt wurde das Getränk durch Limetten oder Zitronen. Aus dieser Gewohnheit versuchte der Londoner Geschäftsmann Erasmus Bond Kapital zu schlagen. 1858 hatte er ein Patent auf „improved areated tonic liquid" angemeldet. Der große Erfolg blieb ihm jedoch verwährt, durchgesetzt hat sich letztlich das Tonic der Firma Schweppes, die in den 1870er-Jahren begann, Indian Tonic Water herzustellen, und damit den damaligen Weltmarkt übernahm. In vielen Gebieten des British Empire war es üblich geworden, den Tag mit einer Dosis Chininsulfat zur Prophylaxe zu beginnen, und als Tonic schmeckte es deutlich besser als pur. Heutiges Tonic enthält allerdings viel zu wenig Chinin, um noch eine medizinische Wirkung zu erzielen.

18. Jahrhunderts Gin beliebt. In Plymouth, einem der wichtigsten Häfen der Navy, produzierte seit 1793 die Brennerei Black Friars ihren Gin, und selbst Bristol und Liverpool hatten ihre eigenen Brennereien, welche die Navy mit Gin belieferten. Gin war beliebt an Bord – um 1850 hatte die Royal Navy pro Jahr 1000 „Barrels" Plymouth Gin gekauft. Die Offiziere begannen bald, den Gin zu vermischen und nicht mehr nur pur zu trinken. Ähnlich wie beim Rum, lag ein Qualitätsmerkmal beim Gin in dessen alkoholischer Stärke, dem sogenannten „Proof", wörtlich übersetzt dem „Beweis". Auf den Kriegsschiffen der Royal Navy hatte man eine besondere Methode zur diesbezüglichen Prüfung des Destillats entwickelt: Die Offiziere, die für die Versorgung zuständig waren, mischten den eingekauften Gin mit Schwarzpulver und entzündeten ihn, um zu überprüfen, ob die gelieferte Ware auch hochprozentig war und man nicht einen verdünnten Gin untergeschoben bekam. Ein auf diese Weise getesteter Gin erhielt das Gütesiegel „Navy proof".

Die Marine hatte wesentlichen Anteil an der weltweiten Popularität des Gins, schließlich waren die Seeleute Ihrer Majestät auf den sieben Weltmeeren und in sämtlichen Häfen präsent und damit zugleich Markenbotschafter für die heimischen Produkte. Um 1900 war der Plymouth Gin der meistexportierte britische Gin.

Wenn während der Glanzzeit des British Empire ein Schiff der Royal Navy in einem Hafen vor Anker lag, kam es häufig vor, dass ein spezieller grüner oder grün-weißer Wimpel gehisst wurde, oftmals mit einem Weinglas als Symbol in der Mitte. Dieser wurde „Gin Pendant" genannt. Auf einem Zusatz standen die Buchstaben R. P. C., was „Request the Pleasure of your Company" bedeutete – man bat die Offiziere der Nachbarschiffe um Besuch, und zwar um 18 Uhr. Getrunken wurde Gin, Pink Gin oder Gin & Tonic.

Zeitgenössische Karikatur eines Gin-Shops im viktorianischen England.

Gin im Viktorianischen Zeitalter

Der Gin, der zu Beginn des 19. Jahrhunderts produziert und getrunken wurde, war gesüßt, mit 25 Vol.-% eher schwach und trug
Namen wie „Old Tom" oder „Young Tom". Old Tom war damals
eine generische Bezeichnung für Gin und hat sich bis heute als
Typenbezeichnung für gesüßten Gin erhalten. Süßes war in Mode
und Zucker dank der Kolonien ein sehr günstiges Produkt. Wer zu
dieser Zeit „Qualitätsgin" trank, hatte es also mit Old Tom zu tun.
Alternativ griff man zu Kopien des holländischen Originals, oft als
„Geneva" oder auch „Hollands" bezeichnet.

Die Prohibition und der Gin

Dass sich übermäßiger Alkoholkonsum schädlich auf das Individuum und die gesamte Gesellschaft auswirkt, hatte sich spätestens während des „Gin Craze", also der Gin-Epidemie der ersten Hälfte des 18. Jahrhunderts in England, gezeigt. Immer wieder gab es danach verschiedene Anti-Alkoholbewegungen. Treibende Kraft in den USA war die „Anti-Saloon-League". Der Bundesstaat Maine erließ 1851 schließlich als Erster ein generelles Verbot für den Verkauf von Alkohol. Dieses Beispiel machte Schule – zwölf Jahre später waren bereits zwölf Staaten der USA dieser Regelung gefolgt.

The „Noble Experiment" begann landesweit 1919 mit dem 18. Verfassungszusatz. Damit wurde in den gesamten USA die Prohibition eingeführt. In Kraft trat dieser Volstead-Act (benannt nach dem Abgeordneten, der den Antrag einreichte) am 17. 1. 1920. Sämtliche alkoholischen Getränke über 0,5 Vol.-% fielen darunter. Herstellung, Import, Verkauf und Transport waren nun verboten, nicht jedoch der Genuss. Zudem war Alkohol zu „medizinischen Zwecken", also auf Rezept, weiterhin zugelassen. So mancher rauchige schottische Whisky wurde daraufhin in der Apotheke verkauft.

Zunächst war das Projekt ein Erfolg, es wurde deutlich weniger getrunken als vor der Prohibition. Alkoholbedingte Todesfälle und Krankheiten gingen zurück. Allerdings stieg durch die Illegalität des Trinkens als „Nebeneffekt" die Kriminalitätsrate. Alkohol kam illegal ins Land, besonders „gereifte" Spirituosen, also Rum und Whisky. Es entwickelte sich eine regelrechte Schmuggelindustrie. Der Staat setzte 2300 Prohibitionsagenten (Federal Prohibition Agents) ein, die versuchten, den Schmuggel ebenso wie die illegale

Nach einer Razzia wird konfiszierter Alkohol unter den wachsamen Augen des Gesetzes in die Kanalisation gekippt.

Herstellung im eigenen Land zu unterbinden. Allerdings waren das für ein so großes Land wie die USA schlicht zu wenige. Schmuggel und Schwarzhandel entwickelten sich zu einem lukrativen Geschäft. Das größte Risiko bestand dabei nicht in den Prohibitionsagenten oder den Polizisten – diese wurden im Zweifel bestochen –, gefährlich waren vor allem die Konkurrenten auf dem Schmuggelmarkt. Es ist unstrittig, dass durch die Prohibition das organisierte Verbrechen in den USA erst wirklich groß wurde. Nachdem 1933 der „Volstead Act" wieder aufgehoben wurde, brachte man nun einfach andere Drogen in Umlauf.

Die Namen mancher Schmuggler wurden sogar stilprägend, wie der von William McCoy, dem heimlichen König seiner Zunft. Dieser wurde nicht nur nie gefasst, er besorgte auch den besten Whisky und Rum. Das führte schließlich dazu, dass „The real McCoy" zum Synonym für Qualitätsware wurde – in vielen „Speakeasys" lautete die gängige Frage: „Is this the real McCoy", was alle Bartender natürlich stets bejahten.

Zur Zeit der Prohibition entstanden besonders in den Großstädten sogenannte Speakeasys (Flüsterkneipen), versteckte und geheime Trinklokale oder Bars, in denen „easy", also leise gesprochen wurde, damit man von außen nicht mitbekam, was innen passierte. In New York sollen alleine bis 1925 zwischen 30 000 und 100 000 Speakeasys existiert haben. Ein bekanntes Beispiel für ein Speakeasy war der „21 Club" in New York. Dieser bildete insofern eine Ausnahme, als dass die Kneipe einen „Türsteher" hatte. Seine Hauptaufgabe bestand darin, Alarm zu schlagen, falls eine Razzia drohte. Mittels eines Mechanismus wurden dann die Regale der Bar gekippt, und die Flaschen verschwanden in der Kanalisation. Die damaligen Besitzer Jack Kreindler und Charlie Berns wurden deshalb nie erwischt. Deren Nachkommen verkauften den „21 Club" erst 1985. Er existiert noch heute, jedoch nicht mehr im Verborgenen.

In den Speakeasys gab es eine Besonderheit, die den Gin betraf. Da Gin im Gegensatz zu Whisky, Rum oder Cognac nicht längere Zeit reifen muss, lässt er sich relativ schnell herstellen. In der Prohibitionszeit verbreitete sich so eine neue Art Gin, der sogenannte Bathtub(Badewannen)-Gin. So wurden die minderwertigen Spirituosen bezeichnet, die so mancher Barbetreiber selbst brannte oder aus entsprechenden Quellen bezog. Der Ursprung für die Bezeichnung liegt vermutlich darin, dass die damals zum Brennen benutzten Flaschen in der Regel zu hoch waren, um sie in normalen (Küchen-) Waschbecken zu befüllen. Schließlich musste der hochprozentige Alkohol aber noch verdünnt werden und der Wasserhahn in einer Badewanne war dafür geeignet. Eine positive Entwicklung brachten die schlechten Schnäpse jedoch mit sich: während dieser Zeit entstanden neue Drinks, die nicht mehr so stark von den Spirituosen dominiert waren.

Nach 12 Jahren war der Spuk schließlich vorbei. Die zunehmende Kriminalität in Zusammenhang mit dem Alkoholschmuggel wurde während der Prohibition zu einem immer größeren Problem. Eine andere Folge war, dass einheimische Hersteller und Zulieferer häufig in die Insolvenz gingen. Entsprechendes Knowhow ging ebenfalls verloren, insbesondere traf dies die Brauereien. Und nicht zuletzt hatte der Staat erhebliche Steuereinbußen.

Bei den Präsidentschaftswahlen 1932 stellte sich Franklin D. Roosevelt schließlich mit dem Versprechen zur Wahl, die Prohibition wieder abzuschaffen. Am 5.12.1933 war es so weit, der Volstead Act wurde zurückgenommen. Dieses Datum wurde daraufhin lange als „Repeal Day" gefeiert. In den letzten Jahren erfährt dieser Brauch eine gewisse Renaissance und weltweit wird der 5. Dezember in vielen Bars festlich begangen. Seit Anfang der 2000er-Jahre erfreuen sich auch Speakeasy-Bars neuer Beliebtheit – heutzutage freilich mit offizieller Lizenz, aber zum Teil versteckt, von außen nicht erkennbar und nur einer bestimmten Klientel bekannt. In New York gibt es die „Bathtub Gin" Bar, die sich hinter einer Coffee-Shop-Fassade verbirgt.

Verschiedene Gründe führten in der zweiten Hälfte des 19. Jahrhunderts zur Entwicklung der heute dominierenden „London Dry Gins". Zunächst die Entwicklung eines neuen Destillationsapparats durch den Schotten Robert Stein, der 1826 eine Brennblase aus zwei Säulen konstruierte. Der Ire Aeneas Coffey entwickelte diese 1831 weiter und ließ sie patentieren. Mit diesem Brenngerät konnte erstmals kontinuierlich destilliert werden und, ganz entscheidend, der Alkohol aus diesen Brennblasen war höherprozentig und reiner. Eine Maskierung harscher ungewollter Komponenten durch Zucker war nicht mehr notwendig.

Zudem änderte sich die Mode. Londoner Brenner produzierten zu jener Zeit viele Liköre, die auf französischem Branntwein basierten. Dieser wurde rar, diesmal nicht aufgrund von Handelsblockaden oder Kriegen, sondern wegen einer Reblaus, die aus Amerika eingeschleppt worden war und sukzessive alle Weinberge in Frankreich vernichtete. Bis man durch den Import immuner amerikanischer Reben auf den Weinbergen wieder Wein anbauen konnte, vergingen einige Jahrzehnte. Davon profitierten nicht nur der Gin, sondern auch Whisky und Rum.

Auch die Einstellung gegenüber Alkohol wandelte sich zu Königin Viktorias Zeiten: War ein Jahrhundert zuvor Trunkenheit nicht nur bei der Unterschicht gang und gäbe, sondern auch bei der „Upper Class" salonfähig, so änderte sich das im 19. Jahrhundert. Es galt als nicht mehr als zeitgemäß. Außerdem machte man sich in Führungszirkeln zunehmend Sorgen um das Wohl der Masse, weniger aus Menschlichkeit, sondern aus Furcht vor der eingeschränkten Leistungsfähigkeit der Industriearbeiter. Allerdings hatten die Temperenzler in England nie wirklich durchschlagenden Erfolg. Eine Prohibition gab es nie, wohl aber eine Entwicklung, die man als „moderates Trinken" bezeichnen könnte. Noch eine weitere Entwicklung förderte den Verkauf von Gin: die billige Produktion von Glasflaschen. Die Hersteller lieferten ihre Spirituosen lange Zeit in Fässern an die Händler, die diese dann entweder in eigene Flaschen oder in die der Kunden abfüllten. Ab den 1870er-Jahren begannen die Hersteller dann, eigene Flaschen zu entwickeln. Damit verbunden war auch ein neues Qualitätsdenken, Image oder Brand Building.

In dieser Zeit begann man auch, Getränke miteinander zu mischen, die Cocktails entstanden. Der Berufsstand der Barkeeper etablierte sich, und manche davon erlangten eine gewisse Berühmtheit. Sie erfanden neue Kombinationen von Getränken mit der Folge, dass man begann, sich „gepflegter zu betrinken". Aus einfachen Pubs oder Schänken wurden jetzt Bars. Auch in London eröffneten Bars nach amerikanischem Vorbild.

Auf und Ab im 20. Jahrhundert

Auch der Erste Weltkrieg (1914–1918) hatte Auswirkungen auf den Ginkonsum. Im Umkreis von Munitionsfabriken durfte beispielsweise nur noch schwacher Alkohol verkauft werden, damit die Produktivität und Qualität der Arbeit nicht litten. In den Pubs wurden zudem die „Closing times" eingeführt, damit dort nicht mehr zeitlich unbegrenzt getrunken werden konnte.

Nach dem Krieg feierten fast überall in Europa diejenigen, die ihn überlebt hatten. Während in den USA zeitgleich die Prohibition eingeführt wurde (siehe Seite 22), begannen in den europäischen Metropolen die Goldenen Zwanziger – mit Jazzmusik, Tanzbällen, ausschweifendem Nachtleben und natürlich Alkohol. Cocktails waren dabei besonders angesagt. Während der „Cocktail-

„Geschüttelt, nicht gerührt"

Der wohl berühmteste Geheimagent der Literaturgeschichte bekam diese Worte von seinem Schöpfer in den Mund gelegt. Zu einer Zeit, als Martini zu trinken noch etwas Selbstverständliches war. Bond bestellt bereits im ersten Roman, „Casino Royale" (1953) „seinen" Martini:

„Dry Martini. Einen. In einem tiefen Champagnerkelch."

„Oui, Monsieur."

„Einen Moment. Drei Maß Gordon's, ein Maß Wodka, ein halbes Maß Kina Lillet. Schütteln, bis es eiskalt ist, dann mit einem großen schmalen Stück Limonenschale servieren."

Zunächst trinkt der Agent keinen normalen Martini, sondern eine Mischung aus Gin und Wodka. Bond selbst nannte ihn „The Vesper", zu Ehren von Vesper Lynd, einer der beiden Frauen, in die sich die Romanfigur Bond verliebte. Heutzutage kann man nur noch eine Variante davon bestellen, denn eine der Zutaten, der Kina Lillet, wird nicht mehr produziert. Kina Lillet darf man dabei aber nicht mit Lillet, einem Weinaperitif, verwechseln, den es immer noch von der gleichnamigen Firma gibt. Die beiden unterscheiden sich deutlich im Aroma.

Dass 007 speziell die Marke Gordon's bestellt, mag daran liegen, dass dieser damals wie heute weitverbreitet war. Ian Fleming bekam nach den ersten Erfolgen seiner Romane ein (Werbe-)Angebot der Ginfirma Booth's, man konnte sich jedoch nicht auf eine Zusammenarbeit verständigen, so blieb es beim Gordon's Gin.

In „Casino Royal" macht er keine weiteren Angaben zum Wodka, in „Live and Let Die" (1954) bestellt Bond dann Wodka Martinis, und in „Dr. No" (1958) bestellt er, als er Gast des Bö-

In den James-Bond-Romanen beschreibt der Autor Ian Fleming detailliert den Alkoholkonsum seines Helden.

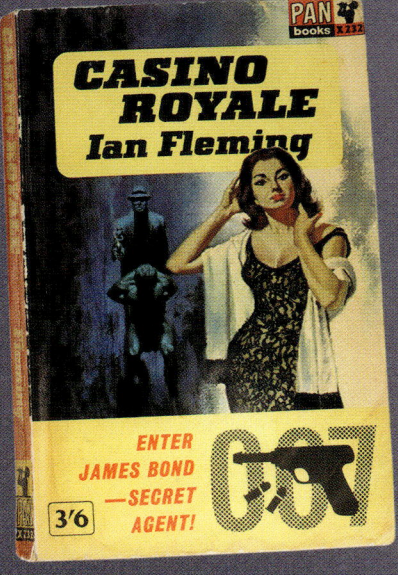

sewichts ist: „Einen Wodka Dry Martini – mit einem großen schmalen Stück Limonenschale. Geschüttelt, nicht gerührt, bitte. Ich bevorzuge russischen oder polnischen Wodka."

Das James-Bond-Image ist hierzulande stärker von den Filmen geprägt als durch die Romanvorlage. Deshalb werden seine Trinkgewohnheiten oft auf den berühmten „Geschüttelt, nicht gerührt"-Martini (Original: „shaken, not stirred") reduziert. In den Büchern sieht es aber anders aus. James Bond nimmt in den 14 Romanen und Kurzgeschichten 317 alkoholische Getränke zu sich. Davon 16 Martinis mit Gin und 19 mit Wodka, fünf ohne Spezifikation und sieben Gin Tonics, einen Vesper Martini und einen Pink Gin. Eigentlich ist er aber Whiskytrinker, dieser ist pur oder gemixt in 100 georderten Getränken enthalten. Zwischen dem, was Bond in den Filmen trinkt, und dem, was ihm Fleming angedichtet hat, besteht noch ein Unterschied. Zumindest in den Büchern wäre Bond dem Alkohol de facto verfallen, man müsste ihn als schweren Alkoholiker bezeichnen. Als fiktive Figur bleibt ihm dieses Problem jedoch erspart.

stunde" trafen sich Menschen jeglicher sozialer Schichten. Einen Hauptbestandteil der bevorzugten Drinks bildete der Gin. Das führte dazu, dass auch die Hersteller auf diesen Zug aufsprangen. Ein Werbespruch der Firma Gordon's aus dieser Zeit lautete beispielsweise: „Drinks never taste thin with Gordon's Gin."

Während des Zweiten Weltkriegs (1939–1945) war regulärer Gin dann kaum noch erhältlich. Die Steuern waren hoch, es gab Rationierungen, und viele Londoner Hersteller wurden durch die deutschen Luftangriffe in Mitleidenschaft gezogen. Auch die Produktion anderer Spirituosen war davon betroffen.

Nach dem Krieg erholte sich die Ginproduktion vergleichsweise schnell, da er einfach hergestellt werden kann und nicht, wie etwa Whisky, zudem in Fässern reifen muss. Anfang der 1950er-Jahre endeten die Rationierungen, und der Dry Martini, der aus den USA stammt, hatte seine große Zeit. Hollywood übte dabei großen Einfluss aus, denn überall sah man Stars mit einem Dry Martini.

Gordon's preist seinen einzigartigen Gin in einer Anzeige aus den 1930er-Jahren an.

Aber es kann nicht immer aufwärtsgehen – die 1960er-Jahre erlebten den Aufstieg des Wodkas. Gin galt nun als Getränk für die ältere Generation. „Flower-Power" und Gin? Das war kein Thema. Was folgte, war nicht nur ein Niedergang der Diversität, sondern auch der Menge. In den 1970er-Jahren war der Gin vom Tisch. In den Bars gab es meist nur eine Sorte, manchmal zwei, für den Fall, dass sich mal ein Gast dahin verirrte, der einen Gin Tonic trank. Das blieb so bis in die späten 1980er-Jahre.

Phönix aus der Asche 1988

Zunächst nur in England, später auch im Rest Europas, wagte schließlich die Firma Bombay Distillers, die bis dahin als Hersteller eines klassischen wacholderlastigen Gins bekannt war, einen Neubeginn: Eine für die damalige Zeit moderne Flaschenform, ein Rezept mit einem angepassten, weniger Wacholder-dominierten Geschmack und attraktive, extra dafür entwickelte Drinks kamen auf den Markt. Bombay Sapphire hieß der aufgehende Stern, den Klassiker Bombay Dry nahmen die Hersteller zeitgleich im Heimatmarkt aus dem Programm – man wollte neue Kundschaft. Damals gehörte dieser Gin zum Großkonzern International Vintners and Distiller (IDV), die damals auch Tanqueray, Gordon's und Gilbey's Gin im Programm führten. Gordon's wurde in der Alkoholstärke gesenkt, der Preis blieb derselbe, und der Mehrgewinn wurde in die neue Allzweckwaffe investiert: Marketing. Insgesamt kann man sagen, dass der gesamte Ginmarkt davon profitierte. Im deutschsprachigen Raum kam es Mitte der 1980er-Jahre zu einer Wiedergeburt der Cocktailkultur. Gin hatte zwar seinen Platz, war aber dennoch der Alkohol für die Klassiker. Der nächste Schritt auf dem Weg zum neuerlichen Gin-Hype war die Einführung beziehungsweise Erfindung von Hendrick's Gin der schottischen Whisky Firma W. M. Grant um die Jahrtausendwende. Neue Geschmacksnoten, ungewöhnliche Werbung, neue Cocktails – manch einer glaubt seitdem, dass ein Gin Tonic zwingend mit einem Stück Gurke dekoriert werden muss. Diese Idee war bei Hendrick's entstanden. Tanqueray, die große alte Dame des Gins, glänzte mit dem neuen Tanqueray 10. Es wurde Geld in den Markt gepumpt und auch eine, neue jüngere Zielgruppe erschlossen.

Gin-Hype

Anfang der 2000er-Jahre hatte der Wodka ebenso eine Sturm-und-Drang-Phase und bescherte vielen Herstellern gute Gewinne. Wodka wird heutzutage immer noch in großen Mengen verkauft, aber „in" ist er nicht mehr. Diese Rolle übernahm der Gin. Er ist nicht schwer zu produzieren, der finanzielle Aufwand ist überschaubar, und der Verkaufserlös fließt vergleichsweise schnell in die Kassen zurück. Anders als bei „gereiften" Spirituosen, bei denen sich die Investitionskosten aufgrund der notwendigen langen Lagerung oft erst nach Jahren amortisieren.

Im Gegensatz zum Wodka besitzt Gin einen leicht erkennbaren Eigengeschmack. So wurde Gin zum „Massen-Nischen"-Produkt. In Spanien begann der Hype um Gin Tonic. Dort gibt es Bars, die 100, 200 oder 400 Sorten Gin aus aller Welt führen, dazu fünf bis zehn oder 20 Sorten Tonic. Das, was man einst in Indien als leichte Medizin gegen Malaria und zur Stärkung trank, ist zur absoluten Mode geworden. Längst ist Gin auch nicht mehr die Domäne der großen Hersteller. Eine Vielzahl an Kleinbrennern stellt heute Gin her, gerne als „Craft-Gin" bezeichnet, ein Begriff ohne wirkliche Definition, aber häufig ein Verkaufsargument.

HERSTELLUNG VON GIN

Grundlagen für die Herstellung von Gin sind Alkohol und Wacholder. Seinen individuellen Geschmack erhält er durch die Aromatisierung mit den sogenannten Botanicals. Hierbei besitzt jeder Hersteller seine eigene Mischung und Vorgehensweise.

Wie Gin gemacht wird

Wer Gin herstellen will, kann auf verschiedene Vorgehensweisen und Bestandteile bei der Aromatisierung zurückgreifen – gebunden ist er dabei jedoch an die Vorgaben der Spirituosenverordnung.

Die klassische Herstellung von Gin erfolgt in (mindestens) zwei Schritten. Zunächst wird Alkohol hergestellt. Die Mehrzahl der Produzenten, insbesondere die großen internationalen Konzerne, bevorzugen möglichst hochprozentigen, reinen Alkohol. Dabei können verschiedene Grundstoffe landwirtschaftlichen Ursprungs verwendet werden. Manche Hersteller bevorzugen Alkohol aus Kartoffeln, andere verwenden lieber Getreide oder ein Weindestillat. Einige Hersteller setzen allerdings nicht gänzlich neutralen Alkohol ein, sondern solchen, der noch etwas vom Charakter des Ausgangsstoffs besitzt. Bei der späteren Zusammenstellung der Botanicals, die das Aroma ergeben, muss dies dann bedacht werden.

Es gibt Firmen, die ihren Basisalkohol selbst herstellen, andere kaufen ihn bereits fertig ein. In früheren Zeiten war es beispielsweise üblich, dass die Londoner Ginhersteller ihren Alkohol aus Schottland, meist aus den Lowlands, bezogen, da die Brenner aufgrund der dortigen Gesetzgebung möglichst große Mengen produzierten. Dieser Alkohol wurde dann in London noch mindestens einmal gebrannt. Gin steht in dem Ruf, eine sehr saubere Spirituose zu sein, da er oft destilliert wird.

Erst im zweiten Schritt wird der Basisalkohol dann zu Gin verarbeitet. Hier gibt es grundsätzlich verschiedene Möglichkeiten: Zum einen der sogenannte „Compound Gin", zum anderen „Destillierter Gin", zu dem als Unterart der „London Gin" gehört.

Compound Gin und Destillierter Gin

Als unkomplizierteste Methode gilt das sogenannte Cold Compounding. Hier werden Aromen oder Essenzen einfach zum Alkohol dazugemischt. Dennoch gilt, dass der Wacholdergeschmack dominieren sollte. In der Praxis ist dies jedoch nicht mehr immer der Fall, es sind heutzutage Sorten auf dem Markt, die dieser Vorgabe nicht entsprechen. Freilich gibt es auch beim Cold-Compounding-Gin Sorten, die höherwertige Essenzen einsetzen. Letztlich ist es eine Geschmacksfrage, und das Urteil trifft der Verbraucher durch seine Kaufentscheidung.

Als höhere Qualitätsstufe gelten die destillierten Ginsorten. Bei deren Herstellung gibt es ebenfalls unterschiedliche Methoden. Zunächst wird der Neutralalkohol mit Wasser verdünnt. Die Mehrzahl der Hersteller schwankt dabei um die 50 Vol.-%. Daraufhin werden die Botanicals, also Gewürze, Kräuter, Nüsse, (getrocknete) Früchte oder deren Schalen oder Blüten, in diesen Alkohol zum mazerieren gegeben. Hierbei verfährt jeder Hersteller auf eigene Weise. Manche weichen alles zusammen ein, andere nur die Wacholderbeeren. Der jeweilige Zeitraum ist zudem sehr unterschiedlich und kann von ein paar Stunden bis über mehrere Tage reichen. Entspricht das Mazerat dem gewünschten Ergebnis, wird einfach abdestilliert.

Es gibt auch Hersteller, die etwas aufwendiger vorgehen, indem sie entweder alles einzeln oder jeweils bestimmte Botanicals zusammen destillieren, beispielsweise zunächst die erdigen Komponenten, danach die fruchtigen und so weiter.

Das Ergebnis ist in beiden Fällen ein hochprozentiger, stark aromatischer Alkohol. Nun gibt es wiederum zwei Möglichkeiten: Entweder man verdünnt das Ergebnis mit Wasser, oder man ver-

Wie trinkt man Gin?

Eines vorweg, es gibt keine allgemeingültige Regel oder Empfehlung, die besagt, wie man Gin zu sich nehmen sollte – außer vielleicht der: Haben Sie Freude daran!

Die wenigsten Menschen genießen Gin heutzutage noch pur, anders als zum Beispiel Cognac oder Whisky wird er meistens gemischt. Ganz weit vorn ist dabei natürlich der Gin Tonic.

Bei Spirituosenwettbewerben oder der Rezeptentwicklung gelten jedoch andere Regeln. Professionell verkostet wird stets pur, also nicht als Cocktail oder Drink. Ziel dabei ist, möglichst viele der zugefügten Aromen (wieder) zu erkennen und festzustellen, wie diese miteinander harmonieren oder ob einige besonders dominant sind. So soll eventuell vorhandenen Fehlern auf die Spur gekommen und ein allgemeines Geschmacksurteil abgegeben werden. Zunächst benötigt man dafür ein geeignetes Glas. Dieses muss so geschaffen sein, dass der Gin, in der Regel 2 cl oder 4 cl, darin genügend Platz hat, um sein Aroma zu entfalten. In der Fachsprache werden entsprechende Gläser „Nosing-Gläser" genannt, es gibt diverse Formen.

Professionelle Verkoster verdünnen zumeist die Spirituose mit stillem neutralem Wasser. Leitungswasser ist bei uns dafür gut geeignet. Der Hintergrund besteht darin, dass der Alkohol in der Spirituose die Aromamoleküle bindet, diese müssen jedoch die Flüssigkeit verlassen, um direkt als Geruch wahrgenommen werden zu können. Das gilt für sämtliche Spirituosen. Jeder Verkoster hat dabei seine eigene Herangehensweise. Die meisten Rezeptentwickler und professionellen Degustatoren geben beim Gin aber besonders viel Wasser in die Probe, einige verdünnen ihn auf 20 Vol.-%

herunter, weil dabei die Botanicals am besten zu analysieren sind. Der Gin sollte zudem „Zimmertemperatur" haben. Man kann das Glas aber auch in der Hand noch leicht erwärmen. Schmecken kann man als Mensch lediglich die fünf Primärgeschmäcke (süß, salzig, sauer, bitter und umami), unser Geruchssinn ist jedoch deutlich differenzierter. Den Geruch nimmt man entweder direkt über die Nase wahr oder wenn sich der Gin im Mund befindet. Dabei gelangen die Moleküle retronasal an das Riechepithel. Am besten nimmt man keine allzu großen Schlucke, allerdings sollte man auch nicht nur nippen. Profiverkoster spucken die Spirituose hinterher wieder aus, da sie in der Regel mehrere Proben nacheinander verkosten müssen. Privat ist das natürlich nicht notwendig. Interessant und unterhaltsam wird es, wenn man verschiedene Sorten Gin mit unterschiedlichem Tonic probiert, um herauszufinden, welche Kombination einem am besten mundet.

Um die Qualität eines Gins zu beurteilen, trinkt man ihn am besten pur.

dünnt mit neutralem Alkohol und danach mit Wasser. Das ist eine Frage des Stils, der Aromatik sowie der Tradition.

Beim Abdestillieren des Gins gibt es zwei unterschiedliche Methoden, die mitunter aber auch kombiniert werden.

Möglichkeit eins: Alles liegt in der Brennblase, wird erhitzt, und der Alkoholdampf nimmt die Aromen auf.

Möglichkeit zwei: Die Botanicals liegen nicht im Alkohol, sondern befinden sich beispielsweise in einem Korb im oberen Teil der Brennblase. Der Alkoholdampf strömt dann durch diese hindurch.

Europäische Spirituosenverordnung

Wer in Europa Gin herstellt oder verkaufen möchte, der muss sich an die Vorgaben aus diversen Verordnungen halten, die im Prinzip aus den bestehenden Traditionen hervorgegangen sind. Wesentlich ist die Verordnung der Europäischen Union (EG) Nr. 110/2008 und deren Änderung Nr. 98/2014. Diese Verordnung, die im allgemeinen Sprachgebrauch auch als Spirituosenverordnung bezeichnet wird, definiert die Herstellung, Zusammensetzung und Kennzeichnung von hochalkoholischen Getränken für den gemeinsamen europäischen Binnenmarkt.

Allen Ginsorten gemeinsam ist demnach, dass der Mindestalkoholgehalt 37,5 Vol.-% betragen und der Hauptaromageber Wacholder sein muss. Wer aber schon einmal verschiedene Gins pur oder im Martini probiert hat, bemerkt, dass diese Regelung durchaus Spielraum für individuelle Geschmäcke lässt.

Für geschützte Begriffe wie „dry" oder „London Gin" gelten strengere Auflagen: Gin, der die Bezeichnung „dry" erhält, darf nicht mehr als 0,1 g Zucker pro Liter enthalten. Bei „London Gin" ist die Zugabe von Aromen oder Farbstoffen streng untersagt.

Ugly Betty – Lomond Still in der Bruichladdich-Destillerie, in der The Botanist produziert wird.

Was die Spitituosenverordnung für die Herstellung und den Vertrieb von Gin vorschreibt, ist im Folgenden dargestellt:

Gin

– Er ist eine Spirituose mit Wacholdergeschmack, die durch Aromatisieren von Ethylalkohol landwirtschaftlichen Ursprungs, […] mit Wacholderbeeren *(Juniperus communis L.)* gewonnen wird.
– Der Mindestalkoholgehalt von Gin beträgt 37,5 Vol.-%
– Bei der Herstellung von Gin dürfen nur natürliche und/oder naturidentische Aromastoffe […] und/oder Aromaextrakte […] verwendet werden, wobei der Wacholdergeschmack vorherrschend bleiben muss.
– Die Bezeichnung „Gin" kann durch den Begriff „dry" ergänzt werden, wenn der Gehalt der Spirituose an zugesetzten süßenden Erzeugnissen nicht mehr als 0,1 g Zucker je Liter des Fertigerzeugnisses beträgt.

Destillierter Gin

— Er ist eine Spirituose mit Wacholdergeschmack, die ausschließlich durch erneute Destillation von Ethylalkohol landwirtschaftlichen Ursprungs […] und einem ursprünglichen Alkoholgehalt von mindestens 96 Vol.-% vol in Destillierapparaten, die herkömmlicherweise für Gin verwendet werden, unter Zusetzen von Wacholderbeeren *(Juniperus communis L.)* und anderen pflanzlichen Stoffen hergestellt wird, wobei der Wacholdergeschmack vorherrschend bleiben muss. Oder:

— Er ist eine Mischung der Erzeugnisse aus dieser Destillation mit Ethylalkohol landwirtschaftlichen Ursprungs der gleichen Zusammensetzung, Reinheit und gleichem Alkoholgehalt; zur Aromatisierung von destilliertem Gin können auch natürliche und/oder naturidentische Aromastoffe und/oder Aromaextrakte […] verwendet werden.

— Der Mindestalkoholgehalt von destilliertem Gin beträgt 37,5 Vol.-%.

— Gin, der durch den einfachen Zusatz von Essenzen oder Aromastoffen zu Ethylalkohol landwirtschaftlichen Ursprungs gewonnen wird, darf nicht die Bezeichnung „Destillierter Gin" tragen.

— Die Bezeichnung „Destillierter Gin" kann durch den Begriff „dry" ergänzt werden, wenn der Gehalt der Spirituose an zugesetzten süßenden Erzeugnissen nicht mehr als 0,1 g Zucker je Liter […] beträgt.

London Gin

Er gehört zur Spirituosenart „Destillierter Gin":

— Er wird ausschließlich aus Ethylalkohol landwirtschaftlichen Ursprungs gewonnen […]; sein Aroma wird ausschließlich durch

Wacholderbeeren bilden das Grundaroma des Gins.

die erneute Destillation von Ethylalkohol in herkömmlichen Destilliergeräten unter Zusetzen aller verwendeten pflanzlichen Stoffe gewonnen.

– Der Mindestalkoholgehalt des hieraus gewonnenen Destillats beträgt 70 Vol.-%.

– Jeder weitere zugesetzte Ethylalkohol landwirtschaftlichen Ursprungs muss den in Anhang I Nummer 1 aufgeführten Merkmalen entsprechen, allerdings mit einem Methanolgehalt von höchstens 5 g/hl r. A.

– Sein Gehalt an zugesetzten süßenden Erzeugnissen darf nicht mehr als 0,1 g Zucker je Liter des Fertigerzeugnisses betragen, und er enthält keine zugesetzten Farbstoffe.

– Er enthält keine anderen zugesetzten Zutaten außer Wasser.

– Der Mindestalkoholgehalt von London Gin beträgt 37,5 Vol.-%.

– Die Bezeichnung London Gin kann durch den Begriff „dry" ergänzt werden.

Gin selbst gemacht

Natürlich kann man jederzeit in einen Laden gehen und sich ein Fläschchen Gin kaufen – wie viele verschiedene Sorten es derzeit gibt, kann wohl niemand mit Sicherheit sagen. Während Sie diesen Satz gelesen haben, hat in einer anderen Ecke der Welt vielleicht bereits wieder ein neuer Gin eine Brennblase verlassen, während von einer anderen Sorte soeben die letzte Flasche verkauft wurde.

Gin herzustellen ist einfach und schwer zugleich. Im Grunde besteht er lediglich aus einer pflanzlichen Mischung: Schalen, Wurzeln, Blüten, Blätter, Früchte oder Beeren mit Alkohol, die bei den besseren Qualitäten noch destilliert wird.

Selbst zu destillieren ist nur mit Vorkenntnissen sowie entsprechender Ausrüstung möglich, zudem unterliegt es gesetzlichen Beschränkungen. Aber ein sogenannter Cold Compound Gin lässt sich auch so herstellen. Cold Compound ist die simpelste Variante innerhalb der Gin-Hierarchie: Alkohol wird möglichst neutral mit Aromen gemischt – und fertig. Man kann dazu vorgefertigte Essenzen verwenden oder selbst einige herstellen. Am allereinfachsten wirft man alles zusammen in ein Gefäß und wartet. Den persönlichen Vorlieben kann man dabei natürlich freien Lauf lassen. Gute Gins sind in den meisten Fällen eine harmonische Mischung der diversen Botanicals. Ein neues Rezept zu entwerfen, das einen ordentlichen Gin hervorbringt, braucht Geduld und etwas Zeit. Bei manchen der neueren Ginsorten dominiert ein bestimmter Geschmack. Eigentlich sollte aber stets das Aroma von Wacholder hervortreten. Wer nun seinen eigenen Gin herstellen möchte, sollte nicht sofort umwerfende Ergebnisse erwarten, aber spannend und lehrreich ist es allemal.

Zunächst benötigt man eine Grundlage. Dazu eignet sich möglichst hochprozentiger Wodka (min 50 Vol.-%) oder reiner Alkohol aus der Apotheke. Achten Sie darauf, Ethanol zu kaufen, also Trinkalkohol.

Man kann nun sämtliche Zutaten zusammen in den Alkohol geben und darin einweichen, also mazerieren. Empfehlenswert ist jedoch, alles separat zu mazerieren. Dieses Vorgehen ist zwar etwas aufwendiger, hat aber den großen Vorteil, dass sich die einzelnen Aromen genauer dosieren und in unterschiedlichen Anteilen immer wieder zu einem etwas anderen Gin zusammenstellen lassen.

Was man dazu benötigt, ist eine feine Waage zum Wiegen der trockenen Zutaten und Botanicals sowie einige gut verschließbare Gläser. Schön sind passende Apothekergläser, aber es eignen sich natürlich auch leere Senfgläser.

Beim Experimentieren mit Gewürzen sind der Fantasie keine Grenzen gesetzt.

Um die Essenzen herzustellen, verwendet man auf 100 ml Alkohol am besten etwa je 2 g der Zutaten. Zur Grundausstattung gehören: Wacholderbeeren, Orangeschale, Zitronenschale, Limettenschale, Ingwer, Kardamom, Angelikawurzel, Koriander, Süßholz, Fenchelsamen.

Wenn Sie experimentierfreudig sind und sich beispielsweise mit Wildkräutern und deren Aromen auskennen, lässt sich das Repertoire selbstverständlich ausdehnen – weitere Vorschläge für Zutaten sind: Zimt, Rosenblüten, Lemongras, Piment, Sternanis, Rosmarin, Hibiskusblüten, Rosa Pfeffer, Lavendelblüten, Nelken, Grapefruitschalen, Tee, Ingwer, Szechuanpfeffer, Safran, Vanille, Muskat, Kamille, Minze, Mädesüß, Salbei, Melisse, Thymian, Basilikum.

Die Mehrzahl der Ginhersteller verwendet getrocknete Zutaten. Sofern man hochprozentigen Alkohol einsetzt und besonders auf die Hygiene achtet, kann man aber auch mit frischen Zutaten arbeiten. Generell gilt: Erlaubt ist alles, was gefällt. Letztlich hängt die Mischung aber natürlich damit zusammen, welche Botanicals überhaupt erhältlich sind.

Die Mazerate benötigen in der Regel mindestens eine Woche, aber ein längerer Zeitraum kann in der Regel nicht schaden. Am besten machen Sie regelmäßig einen Geschmackstest. Sobald Sie das Gefühl haben, dass ein ordentliches Aroma erreicht ist, können Sie die Feststoffe absieben.

Nun kann man damit beginnen, seinen eigenen Gin zusammenzustellen. Dazu nimmt man eine Flasche Wodka – alternativ eignet sich auch ein starker Korn – und träufelt nach Lust und Laune die Essenzen hinzu. Eventuell kann man alles mit etwas Zucker, maximal 20 g pro Liter, abrunden.

Manche Essenzen kann man auch fertig kaufen oder stattdessen Aromaöle verwenden – diese müssen allerdings für den Verzehr geeignet sein.

Wem das alles zu aufwendig erscheint, kann den einfacheren Weg wählen und ein gemeinsames Mazerat erstellen. Ein simples Rezept wäre zum Beispiel:

20 g Wacholderbeeren
8 g Koriandersamen
2 g getrocknete Orangenschalen
2 g getrocknete Zitronenschalen
3 g Zimt (oder eine Stange)
1 ganze Kardamomkapsel

Die Wacholderbeeren kann man leicht andrücken, die Koriandersamen und den Kardamom sollte man in einem Mörser zerstoßen, ebenso den Zimt.

Sämtliche Zutaten mischt man mit einem Wodka und stellt das Ganze daraufhin eine Woche beiseite. Dann kann man das Ergebnis schon mal testen, unter Umständen muss man sich jedoch auch zwei Wochen Zeit lassen. Letztlich hilft zur Beurteilung nur das Probieren.

Ist das Ergebnis zufriedenstellend, wird die Flüssigkeit abgeseiht – je feiner man dabei arbeitet, desto besser. In einer Gin-Brennerei würde nun die Destillation folgen, aber für den Hausgebrauch reicht das Durchsieben aus. Nicht wundern sollte man sich, wenn dieser Gin nicht nur Aroma besitzt, sondern auch Farbe bekommen hat. Falls beides zu intensiv erscheint, kann man ihn nach Gusto mit etwas Wasser oder weiterem Alkohol verdünnen, je nach gewünschter Intensität.

Die Gin-Sorten

Im Verlauf der Gingeschichte haben sich drei Sorten etabliert, allerdings ist in jüngster Zeit noch eine vierte dazugekommen. Klassisch wird unterschieden zwischen „London Dry Gin", „Plymouth Gin" und „Old Tom Gin". Die vierte Kategorie hat noch keinen allgemein anerkannten Namen, meist wird sie als „New Style" oder „Modern Style" bezeichnet. Darunter fallen alle Gins, deren Aromen ungewöhnlich sind oder die versuchen, den Wacholdergeschmack zu überdecken.

London Dry Gin

Der bei uns mit Abstand am meisten verkaufte und getrunkene Gin ist der London Dry Gin. Auch wenn es der Name vermuten ließe, hat diese Bezeichnung nichts mit dem Ort der Herstellung zu tun, sondern mit der Art der Produktion. Diese Gins sind stets trockener und damit weniger süß als andere. Dabei gibt es solche, die das Aroma des Wacholders besonders betonen. Andere wiederum haben starke Anklänge von Zitrusaromen oder schmecken eher erdig. Ein guter London Dry Gin ist in der Regel das, was sich der traditionsbewusste Gintrinker wünscht.

Old Tom Gin

Dieser Gin gilt prinzipiell als Urvater der heutigen Gins. Old Tom Gin ist gesüßt. Früher diente dies häufig dazu, die oftmals schlechte Qualität des Sprits zu überdecken. Im 18. Jahrhundert galt Old Tom Gin noch als beliebteste Gin-Sorte, denn der allgemeine Geschmack war damals stärker auf Süße ausgerichtet als heute. Old Tom Gin wird heutzutage selten nachgefragt und folglich auch nur noch von einer Handvoll Brennern angeboten.

In der traditionsreichen Plymouth Gin Distillery wird seit 1793 Gin produziert.

Plymouth Gin

Dieser Gin stand bis vor wenigen Jahren unter dem Schutz einer Appellation Controlée, musste also zwingend in der südenglischen Hafenstadt hergestellt werden. Derzeit gibt es nur eine Brennerei in Plymouth. Der Markeneigner, die Firma Pernod Ricard, hat den Schutz durch die Europäische Union allerdings nicht verlängert. Das Wacholderaroma ist bei diesem Gin weniger stark ausgeprägt, zudem ist er eher trocken. Durch die Jahrhunderte war Plymouth Gin der „offizielle" Gin der Königlichen Britischen Marine. Als Ironie der Geschichte bleibt noch anzumerken, dass der derzeit einzige Plymouth Gin dem französischen Spirituosenhersteller Pernod-Ricard gehört und damit also den jahrhundertelangen „Intimfeinden" Britanniens, den Franzosen.

New Stile

Diese letztlich noch nicht wirklich definierte Kategorie beinhaltet die neuen Kreationen. Aufgrund des aktuellen Hypes um Gin gibt es nun einige Anbieter, die verstärkt auf nicht klassische Zutaten setzen: Safran- oder Gurkenextrakte, Rosenblüten, Kokos oder Beeren. Häufig versucht man damit auch, einen lokalen Bezug zum Destillationsort zu schaffen, beispielsweise mit Hopfen, wilden Blumen, Kräutern oder Heu, die in der Gegend des Herstellers wachsen. Manche Anbieter verfolgen dabei das Ziel, diese speziellen Zutaten in ein klassisches Gin-Aromaprofil zu integrieren, während bei anderen das „Neue" geschmacklich überwiegt. Aus den USA stammen Sorten, bei denen man den Wacholder eher erahnt, als dass man ihn noch schmeckt. Diese Gins besitzen zwar den Vorzug, dass damit beispielsweise in einem Gin Tonic ganz neue Geschmackserlebnisse möglich sind, aber echte Liebhaber empfinden das oft als Mogelpackung. Letztlich gibt es für den Kunden immer nur einen Weg: Ausprobieren und sich selbst ein Urteil bilden!

MARKEN

Es gibt viele exzellente Gins, die man einmal probieren sollte. Diese kleine Auswahl zeigt die Bandbreite des Angebots. Hier findet jeder einen Gin nach seinem Geschmack.

Bavarka

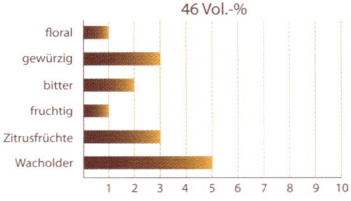

46 Vol.-%

	1	2	3	4	5	6	7	8	9	10
floral										
gewürzig										
bitter										
fruchtig										
Zitrusfrüchte										
Wacholder										

„Distilled and Bottled in Bavaria" – so steht es auf der großen grünen Flasche. Die Firma sitzt in Hausham am Schliersee, einer beliebten Urlaubsregion in den Bayerischen Alpen. Amalie und Josef Lantenhammer gründeten hier 1928 eine Enzianbrennerei. Neben dem Enzian entwickelten sie auch einen Wacholderbrand, der ursprünglich für die Bergleute des oberbayrischen Steinkohlebergbaus gedacht war, zur Linderung der häufig auftretenden Staublungen. Heute ist die Firma vor allem für ihre ausgezeichneten Obstbrände und ihren Whisky bekannt. Zum Portfolio gehören auch ein Wodka und der besagte Gin. Dieser wurde mit etwas Lokalkolorit versehen: Neben klassischen Ginzutaten wie Wacholder, Orangen- und Zitronenschalen haben die Brenner Hopfen, Fenchelsamen und Heublumen in das Rezept gepackt, zudem Exotisches wie Potenzholz und Aroniabeeren. Basis für den Gin ist der hauseigene Wodka, der aus Kartoffeln destilliert wird. In dem Wodka wird der Wacholder zunächst sehr lange – zwischen zwei und drei Wochen – mazeriert. Vor dem eigentlichen Brennen in den hauseigenen Pot Stills kommen die restlichen Botanicals hinzu. Damit die Aromen gut miteinander harmonieren, lagert das fertige Destillat, noch hochprozentig, mindestens ein Jahr in Steingutbehältern, um danach mit Wasser aus der Lantenhammer Alpenquelle auf 46 Vol.-% verdünnt zu werden.

Beefeater

Mit den „Beefeatern", den Bewachern der britischen Kronjuwelen, auf dem Etikett, gehört Beefeater Gin zu den britischen Ikonen schlechthin. Der Apotheker James Burroughs kaufte 1863 die Gin-Destillerie James Taylor, gab ihr seinen Namen und expandierte. Der Beefeater Gin taucht unter diesem Namen 1876 zum ersten Mal auf. Ein klassischer London Dry Gin, mit frischem Aroma, das Koriander, Zitrus und Wacholder dominieren. Eine Weiterentwicklung des klassischen Beefeaters ist seit 2008 der Beefeater 24. Zu den zehn Zutaten, die auch im Klassiker enthalten sind, kommen dabei noch chinesischer Grüntee und japanischer Sencha-Tee hinzu. Die Mischung wird 24 Stunden in Alkohol mazeriert – daher der Name. Als Mastermind zeichnet dafür Desmond Payne verantwortlich, ein respektierter Meister seines Faches. Die Tees werden nicht fermentiert und geben dem Gin saubere „grüne" Noten. Seit 2012 wird der Burrough's Reserve Gin angeboten, destilliert nach einem

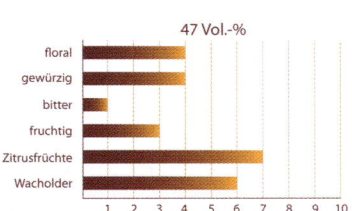

Originalrezept von James Burroughs. Der Gin hat eine leichte Färbung, die von der Reifung in Lillet-(Wermut-)Eichenfässern herrührt. Beefeater ist einer der wenigen Gins, die immer noch in London hergestellt werden.

Bombay

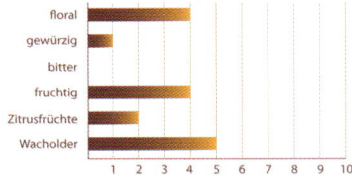

Lange Zeit gab es nur den Bombay Dry Gin, mit dem Konterfei von Königin Victoria auf der

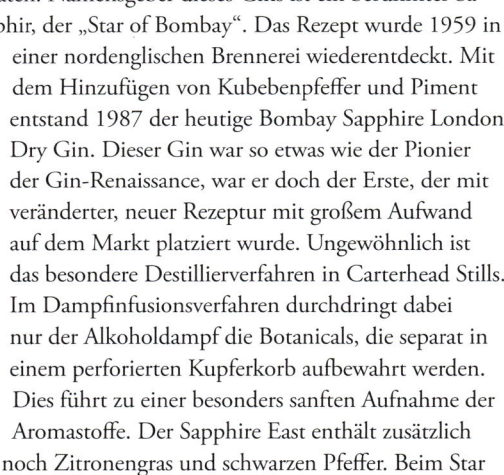

Flasche. Das Originalrezept stammt von Thomas Dakin aus dem Jahr 1761 und enthielt zunächst acht klassische Zutaten. Namensgeber dieses Gins ist ein berühmter Saphir, der „Star of Bombay". Das Rezept wurde 1959 in einer nordenglischen Brennerei wiederentdeckt. Mit dem Hinzufügen von Kubebenpfeffer und Piment entstand 1987 der heutige Bombay Sapphire London Dry Gin. Dieser Gin war so etwas wie der Pionier der Gin-Renaissance, war er doch der Erste, der mit veränderter, neuer Rezeptur mit großem Aufwand auf dem Markt platziert wurde. Ungewöhnlich ist das besondere Destillierverfahren in Carterhead Stills. Im Dampfinfusionsverfahren durchdringt dabei nur der Alkoholdampf die Botanicals, die separat in einem perforierten Kupferkorb aufbewahrt werden. Dies führt zu einer besonders sanften Aufnahme der Aromastoffe. Der Sapphire East enthält zusätzlich noch Zitronengras und schwarzen Pfeffer. Beim Star of Bombay, einer weiteren Variante, kommen ergänzend zum Sapphire-Rezept Bergamotte und Ambrettesamen zum Tragen. Im Jahr 2013 hat der Markeninhaber mit der Laverstoke Mill eine eigene neue Destillerie für diese Gins eröffnet.

The Botanist

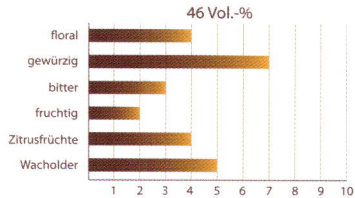

46 Vol.-%

	1	2	3	4	5	6	7	8	9	10
floral										
gewürzig										
bitter										
fruchtig										
Zitrusfrüchte										
Wacholder										

Die bei Whiskykennern beliebte Insel Islay ist der Ursprungsort für diesen ungewöhnlichen Gin. Er wird seit 2010 in der berühmten Whiskydestillerie Bruichladdich hergestellt. Gebrannt wird er in einer speziellen Brennblase, der sogenannten Lomond Still. Diese wurde ursprünglich dafür entwickelt, um aus einem Gerät unterschiedliche Rohbrände zu destillieren.

Der Gin wird aus insgesamt 31 Botanicals hergestellt. Da sind zum einen neun klassische Zutaten, wie Wacholder, Iriswurzel, Angelica oder Zitronen- und Orangenschalen. Als Besonderheit kommen 22 einheimische Blätter, Kräuter und Wurzeln hinzu, darunter Wacholder, die auf Islay wachsen. Diese werden in einen Leinenbeutel eingenäht und bei der Destillation in die Spirit Still gehängt. Auf diese Weise ziehen die Destillationsdämpfe durch die Kräuter und entziehen ihnen sanft die Aromen. Für den Wacholder gibt es eine Sonderbehandlung, dieser wird zuerst in die Brennblase zum Neutralalkohol gegeben und simmert darin bei rund 60 °C für gut zwölf Stunden, bevor die eigentliche Destillation beginnt. Durch den besonders langsamen Brennvorgang – insgesamt über 17 Stunden – werden die Aromen sanft entzogen. Die Namen der 22 Kräuter sind auf der Flasche eingeprägt. Der Gin ist würzig, hat florale Noten ebenso wie klare Wacholdertöne.

Brockmans

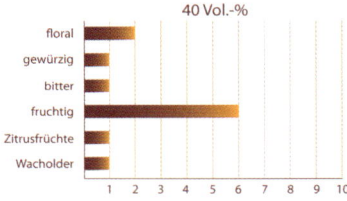

floral
gewürzig
bitter
fruchtig
Zitrusfrüchte
Wacholder

40 Vol.-%

1 2 3 4 5 6 7 8 9 10

Der Hersteller sagt über seinen Gin, er sei „like no other" und hat damit zweifelsfrei recht. Brockmans ist eine jener „neuen" Ginsorten, die auf diejenigen abzielen, die eigentlich keine Fans von klassischen Gins sind. Der Gin wird in England hergestellt, Basis ist Neutralalkohol aus Getreide, darin mazerieren die Zutaten 24 Stunden, bevor in einer 100 Jahre alten kupfernen Brennblase destilliert wird. Als Botanicals verwendet Brockmans traditionelle wie Angelikawurzel, Koriander, toskanischen Wacholder, Kassiarinde, Iriswurzel, Süßholz, Mandeln sowie Zitrus- und Orangenschalen. Das wirklich Besondere aber sind Brombeeren und Heidelbeeren aus Nordeuropa. Diese Zutaten sind nicht nur ungewöhnlich, sondern bei diesem Gin auch recht dominant. Er riecht daher äußerst fruchtig und beerig und kann ohne Weiteres pur mit Eis getrunken werden. Zusammen mit Tonic wird der Gin fast schon marmeladig im Geschmack und ist damit wohl eher auf eine jüngere Zielgruppe ausgerichtet. Brockmans empfiehlt ihn auch für einen Dry Martini. Einem eingefleischten Martini-Liebhaber sollte man diesen Drink aber nur servieren, wenn man mit heftigen Gegenreaktionen kein Problem hat.

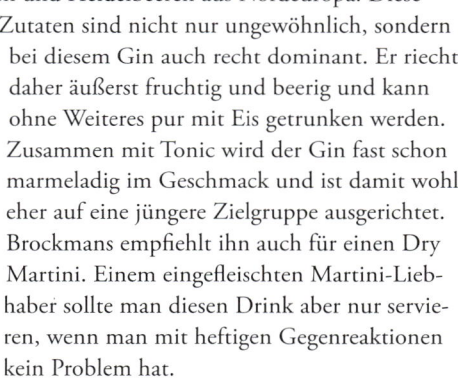

Broker's

Dieser Gin, der in den 1990er-Jahren das Licht der Welt erblickte, ist ein klassischer London Dry Gin mit viel Wacholder. Das Rezept dazu soll bereits 200 Jahre alt sein. Der Gin enthält zehn Botanicals: Wacholder, Koriandersamen, Zimt, Kassiarinde, Lakritz, Iriswurzel, Orangen- und Zitronenschalen, Angelikawurzeln und Muskat. Diese werden für 24 Stunden in vierfach destilliertem Alkohol aus englischem Weizen eingeweicht, um anschließend in einer kupfernen Pot Still der Firma John Dore gebrannt zu werden, die als Rolls-Royce unter den Brennblasen gilt. Hergestellt wird dieser Gin in der Brennerei Langley in der Nähe von Birmingham. Seine „Erfinder", die Brüder Andy und Martin Dawson, haben ihn nach eigener Auskunft für traditionelle Ginliebhaber gemacht, die intensive Aromen bevorzugen. Mit dem kleinen Bowler-Hut auf dem Flaschenverschluss wird die englische Herkunft ebenso betont wie durch die Flaschenform und die Etikettierung im Stil der 1930er-Jahre. Gerade in der 47-%-Variante handelt es sich um einen typischen London Dry Gin – komplex und schwergewichtig.

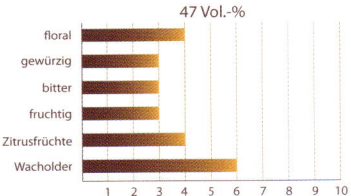

47 Vol.-%

	1	2	3	4	5	6	7	8	9	10
floral										
gewürzig										
bitter										
fruchtig										
Zitrusfrüchte										
Wacholder										

Citadelle

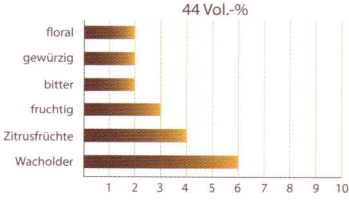

44 Vol.-%

	1	2	3	4	5	6	7	8	9	10
floral										
gewürzig										
bitter										
fruchtig										
Zitrusfrüchte										
Wacholder										

Die Besitzer des Cognachauses Ferrand haben sich ihre Erfahrung im Brennen zunutze gemacht und ein altes Ginrezept wiederbelebt. Das Originalrezept für diesen Gin soll aus einer Brennerei in Dünkirchen aus dem Jahr 1775 stammen. Die französische Hafenstadt war einst Anlaufstelle für Schiffe aus dem Orient, die mit exotischen Kräutern und Gewürzen beladen waren. Das brachte die ortsansässigen Brenner Carpeau und Stival auf die Idee, in der Zitadelle der Stadt einen Gin mit vielen Gewürzen herzustellen. Heute wird er von Ferrand auf der Domaine Logis d'Angeac destilliert.

19 Botanicals werden in Neutralalkohol eingeweicht und anschließend in Charentaiser Brennblasen auf offenem Feuer langsam destilliert. Neben den klassischen Zutaten finden sich in diesem Gin auch Piment, Fenchel, Kardamom, Anis und Mandel. Die Zutaten werden vor dem Brennen eine gute Woche in einem hochprozentigen Weizendestillat eingeweicht. Dieses Mazerat wird mit demselben, dreimal destillierten Weizenalkohol, vermischt und dann noch einmal in den Charentaiser Brennblasen abdestilliert. Ferrand stellen zudem einen Citadelle Reserve Gin her, der eine Zeit lang in nur leicht ausgebrannten Eichenholzfässern reift.

The Duke

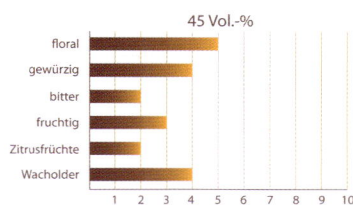

45 Vol.-%

floral
gewürzig
bitter
fruchtig
Zitrusfrüchte
Wacholder

1 2 3 4 5 6 7 8 9 10

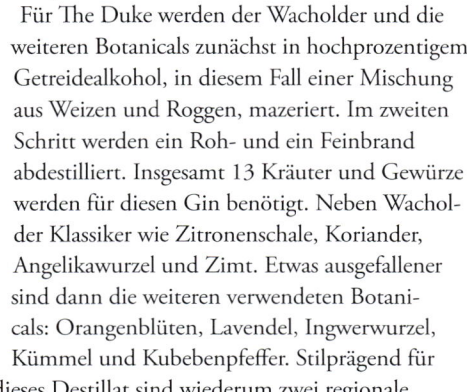

Dieser Gin ist ein echtes Münchner Kindl. Maximilian Schauerte und Daniel Schönecker gründeten im Herbst 2007 in einem Hinterhof in der Maxvorstadt, mitten in München, ihre eigene Brennerei. Beide kannten sich aus Studienzeiten und waren schon damals Ginfans. So lag es für sie nahe, einmal selbst damit zu experimentieren. Mittlerweile haben sie ihre Produktpalette um Wodka und Likör erweitert.

Für The Duke werden der Wacholder und die weiteren Botanicals zunächst in hochprozentigem Getreidealkohol, in diesem Fall einer Mischung aus Weizen und Roggen, mazeriert. Im zweiten Schritt werden ein Roh- und ein Feinbrand abdestilliert. Insgesamt 13 Kräuter und Gewürze werden für diesen Gin benötigt. Neben Wacholder Klassiker wie Zitronenschale, Koriander, Angelikawurzel und Zimt. Etwas ausgefallener sind dann die weiteren verwendeten Botanicals: Orangenblüten, Lavendel, Ingwerwurzel, Kümmel und Kubebenpfeffer. Stilprägend für dieses Destillat sind wiederum zwei regionale Komponenten: Hopfen und Malz. Von Beginn an haben Schauerte und Schönecker auf „bio" gesetzt – die gesamte Brennerei ist ein biozertifizierter Betrieb.

Finsbury

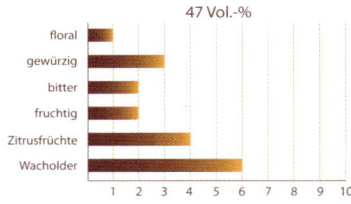

47 Vol.-%

floral
gewürzig
bitter
fruchtig
Zitrusfrüchte
Wacholder

1 2 3 4 5 6 7 8 9 10

Finsbury London Dry Gin wird seit über 250 Jahren auf Basis eines der ältesten und wohlgehütetsten Gin-rezepte der Welt produziert. Die Finsbury Distillery Company, London, wurde 1740 von Joseph Bishop gegründet und lag im damaligen Bermudadreieck der Ginherstellung in Clerken-well, das zur alten Londoner Borough of Finsbury gehörte. Sie blieb über die Jahrhunderte im Besitz der Familie, sodass die Tradition und das Wissen um die Herstellung von Finsbury bewahrt und bis heute von Generation zu Generation weiter-gegeben wurden. Seit 1993 gehört die Marke dem deutschen Spirituosenspezialisten Borco, einem Hamburger Familienunternehmen, das den Gin bereits seit den 1970er-Jahren in Deutschland vertreibt. In London wird der Gin schon lange nicht mehr destilliert, mittlerweile wird in der Langley Distillery in der Nähe von Birmingham produziert. Auf dem Markt sind zwei Sorten erhältlich: die Standardvariante mit 37,5 Vol.-% und der hier abgebildete sechsfach destillierte Finsbury Platinum mit 47 Vol.-% – beide klassische London Dry Gins, bei deren Produktion über zehn verschiedene Botanicals zum Einsatz kommen.

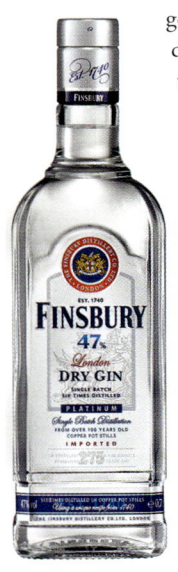

Gordon's

Auf den Gordon's Gin geht wohl der populärste Gin-Drink weltweit zurück. Gordon's inspirierte nach eigener Aussage 1858 in Indien die Erfindung des Gin & Tonic. Der Schotte Alexander Gordon gründete seine berühmte Destillerie in London im Jahre 1769, und noch heute wird der Gin nach dem Originalrezept hergestellt. Er besitzt besonders starke Wacholderaromen, hinzu kommen klassische Botanicals wie Angelikawurzel, Koriander und Zitronen. Angeblich enthält das Rezept auch Muskat, Ingwer und Kassia. Im Jahre 1898 schlossen sich Gordon's und Tanqueray zusammen, heute gehören sie zum weltgrößten Spirituosenkonzern Diageo. Die grüne Flasche, in der Gordon's noch heute in Großbritannien verkauft wird, wurde 1903 eingeführt. Fünf Jahre später beschloss Gordon's, einem Exportauftrag größeres Prestige durch eine Flasche aus weißem Glas zu verleihen, das damals kostbarer als grünes Glas war. Seitdem wird Gordon's für den Export in weißen Flaschen abgefüllt. Der Gin ist je nach Land in

unterschiedlichen Alkoholstärken erhältlich. Gordon's ist der weltweit am meisten getrunkene Gin – knapp 40 Millionen Liter werden jährlich verkauft. Dazu wird er in verschiedenen Produktionsstätten hergestellt.

37,5 Vol.-%

floral
gewürzig
bitter
fruchtig
Zitrusfrüchte
Wacholder

1 2 3 4 5 6 7 8 9 10

G'Vine Floraison

Vom G'Vine sind zwei Varianten erhältlich, beide haben einen Traubenbrand als Basis, und das macht sie einzigartig. Dieser Gin ist durch eine Kooperation zwischen dem Destillateur Jean-Sébastien Robicquet mit dem Önologen Bruno de Reilhac entstanden. Dahinter stand die Idee, modernen Gin mit der französischen Tradition der Weindestillation in einem Produkt zu verbinden. Hergestellt wird er im Herzen der Region Cognac. Die dort weitverbreitete Ugni-Blanc-Traube wird für den Traubenbrand verwendet, der die Basis des Gins

bildet. Darin werden dann die Botanicals Wacholder, Muskatnuss, Ingwer, Süßholz, Kardamom, Limette, Koriander, Kubebenpfeffer und Zimtkassie mazeriert. Meist Mitte Juni beginnt in der Charente der Wein mit der Blütenbildung, Die Winzer nennen dies „Floraison", diese noch grünen Weinblüten, nach denen der Gin benannt ist, kommen ebenso ins Mazerat. Dadurch erhält dieser Gin

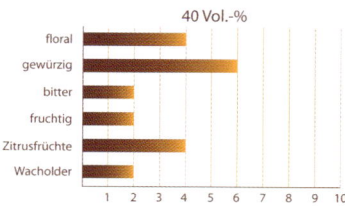

eine deutlich blumige Note. Wenn die Knospenbildung beginnt, nennen die Franzosen diese „Nouaison", danach ist eine Variante des Gins benannt, die geschmacklich dominanter im Wacholder ist.

Hayman's

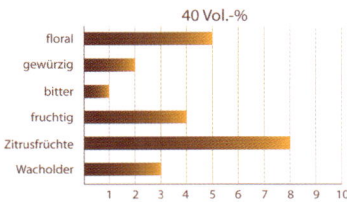

40 Vol.-%

floral		
gewürzig		
bitter		
fruchtig		
Zitrusfrüchte		
Wacholder		

1 2 3 4 5 6 7 8 9 10

Die seit Jahrhunderten dem Gin verbundene Familie Hayman ist für eine zwar traditionelle, aber doch neue Linie britischer Gins verantwortlich. Hayman Distillers gibt es seit 1820 und wurde 1863 von James Burrough erworben. Heute leitet Christopher Hayman, der seit über 40 Jahren in der Ginproduktion tätig ist, mit seinen Kindern das Familienunternehmen und produziert derzeit vier Sorten Gin: neben dem London Dry einen Sloe Gin, den süßen Old Tom Gin und den Hayman's 1850 Reserve Gin. Alle vier haben die gleichen Botanicals als Grundlage, allerdings in unterschiedlichen Mengenverhältnissen. Die Rezeptur ist ganz klassisch und kommt mit zehn Botanicals aus: Wacholder, Koriander, Zitronenschalen, Orangenschalen, Angelikawurzel, Zimt, Zimtkassie, Iriswurzeln, Süßholz und Muskatnuss. Der Hayman's 1850 Reserve Gin ist eine Reminiszenz an alte Zeiten. Bis in die 1860er-Jahre wurde Gin nicht in Flaschen abgefüllt, sondern in Fässern. Daher wird das Destillat für gut drei Wochen in ehemalige Whiskyfässer gelegt. Der Gin wird dadurch etwas runder, milder und bekommt auch eine ganz leichte Färbung. Hayman destilliert heute auf einer deutschen Brennblase der Firma Carl mit Verstärkerböden in Witham, England.

Hendrick's

Auch wenn die Flasche im viktorianischen Stil gehalten ist, ist dieser Gin ein modernes Produkt. Kreiert wurde er erst 1999 – allerdings in zwei alten Brennblasen auf dem Gelände der Brennerei Girvan im Süden Schottlands, einer Carter-Head-Brennblase von 1948 sowie einer Bennet-Brennblase von 1860. In der Carter-Head-Brennblase werden die Botanicals nicht in Alkohol gekocht, sondern geben ihre Aromen über den Alkoholdampf ab. In den beiden Brennblasen werden die Botanicals in unterschiedlichen Mengenverhältnissen abdestilliert und danach zusammengemischt. Dabei entsteht zunächst ein klassischer Gin mit Aromen von Kamillenblüten, Kümmel- und Koriandersamen, Kubebenpfeffer und Wacholderbeeren, Holunderblüten, Zitronen- und Orangenschale sowie Iriswurzeln. Die beiden für Hendrick's so charakteristischen Zutaten werden danach dazugegeben: Essenzen bulgarischer Damaszener Rosen und niederländische Gurkenextrakte. Hendrick's ist benannt nach dem Gärtner von Janet Sheed Roberts, einer Enkelin von William Grant. Der Masterblender hatte die Idee zu diesem Gin angeblich, als der Gärtner im Garten von Roberts saß und inmitten von Rosen ein Gurkensandwich aß und dabei einen Gin trank.

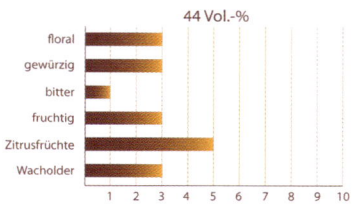

44 Vol.-%

floral
gewürzig
bitter
fruchtig
Zitrusfrüchte
Wacholder

1 2 3 4 5 6 7 8 9 10

Juniper Green

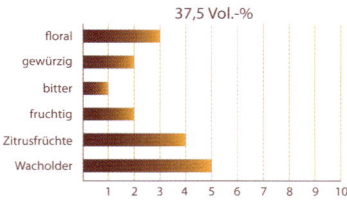

37,5 Vol.-%

floral	
gewürzig	
bitter	
fruchtig	
Zitrusfrüchte	
Wacholder	

Dieser Gin war der erste „Bio-Gin", den es auf dem Markt gab. Er wird seit 1999 von der Organic Spirits Co. angeboten. Das Getreide für die Basisspirituose stammt von einem Gutshof, der seit über 35 Jahren biologisch bewirtschaftet wird. Der Gin wird bei Thames Distillers im Süden von London destilliert und abgefüllt. Von dort stammt auch das ursprüngliche Rezept, und zwar von Charles Maxwell, dessen Familie seit Jahrhunderten im Gingeschäft tätig ist. Der Gin hat erstaunlich wenige Zutaten. Lediglich Wacholder, Koriander, Angelikawurzel und Bohnenkraut. Der Wacholder wird in bulgarischen Wäldern gesammelt und zertifiziert nach einem britischen System, das sich „Fair Wild" nennt. Dieses schließt eine faire Wertschöpfungskette mit ein, die Wacholderpflücker werden also ordentlich bezahlt, und die Ernte muss nachhaltig sein. Nach eigener Aussage ist Juniper Green der einzige Gin auf der Welt, der nach einem solchen Standard produziert wird. Angelika und Bohnenkraut stammen von der „Organic Herb Trading Company", einem Spezialisten für Biokräuter, und werden von Hand geerntet. Als eine der wenigen Spirituosen überhaupt, besitzt Juniper Green ein „Royal Warrant" von niemand Geringerem als Prinz Charles.

The London No. 1

Dieser Gin gehört zum spanischen Sherry-Imperium Gonzáles Byass, das sich immer noch in Familienbesitz befindet. Der Gin wird aus zwölf verschiedenen Botanicals in London hergestellt. Außergewöhnlich sind dabei Schwarze Johannisbeeren, Bohnenkraut und Bergamotte. Ebenso wie Wacholder gehören jedoch auch Zutaten wie Zimt aus Sri Lanka, Koriander aus Marokko, Zitronen- und Orangenschalen sowie Iriswurzeln aus Italien zum Rezept.

Der Gin wird bei Thames Distillers, eine der wenigen Destillerien in London, produziert. Die Brennerei in Clapham, im Süden der Stadt, ist die Einzige, die Gin auch im Auftrag andere Hersteller entwickelt und herstellt. Die Oberaufsicht hat hier Charles Maxwell, einer der eher unbekannten Helden der Ginszene, der jedoch für rund 40 verschiedene Ginsorten verantwortlich ist. Manche, wie London No. 1, verschweigen diese Herkunft nicht, sondern sind zu Recht stolz darauf. Die aquamarinblaue Farbe dieses Gins ist einem Mazerat von Gardenien geschuldet, das dem fertigen Gin zugegeben wird.

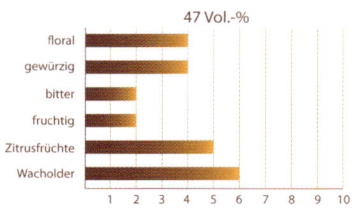

47 Vol.-%

floral	
gewürzig	
bitter	
fruchtig	
Zitrusfrüchte	
Wacholder	

1 2 3 4 5 6 7 8 9 10

Martin Miller's

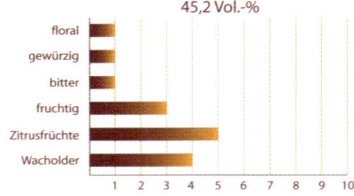

45,2 Vol.-%

floral
gewürzig
bitter
fruchtig
Zitrusfrüchte
Wacholder

1 2 3 4 5 6 7 8 9 10

Namensgeber ist ein britischer Unternehmer, der in Großbritannien vor allem für sein Handbuch „Millers Antiques Guide" bekannt war. Angeblich entstand der Gin aus einer Art „Schnapsidee": Miller und ein paar Freunde hatten bei einer Dinner-Party verschiedene Gin-Drinks zubereitet, waren mit den vorhandenen Sorten unzufrieden und entschieden daher, etwas Besseres produzieren zu lassen. Als der Gin 1999 auf den Markt kam, erstaunte vor allem, welchen Aufwand die Hersteller ob des Wassers, das der Gin enthält, betrieben. Der Westbourne Strength mit 45,2 Vol.-% wird aus zehn unterschiedlichen Botanicals in der Brennerei Langley bei Birmingham hergestellt. Destilliert wird separat in zwei Stufen, Zitrusfrüchte, Schalen von Zitronen, Orangen und Limetten sowie die „erdigen" Botanicals voneinander getrennt. Danach werden beide zusammengemischt und noch etwas Gurkenessenz hinzugegeben. Das fertige Destillat wird anschließend hochprozentig nach Island verschifft. Dort wird Martin Miller's Gin mit isländischem Quellwasser auf Trinkstärke verdünnt. Dieses über einen Zeitraum von mehreren Jahrhunderten durch Vulkangestein gesickerte Regenwasser soll von besonderer Reinheit sein.

Monkey 47

Um guten Gin zu machen, ist Destillationskunst genauso gefragt wie eine feine Nase für die Komposition der einzelnen Zutaten. Der Brenner der Destillerie Stählemühle Christoph Keller aus Eigeltingen, in der Nähe des Bodensees, besitzt beides. Insgesamt wird dieser Gin aus 47 Botanicals zusammengestellt. Gut ein Drittel davon stammen aus dem Schwarzwald, wie etwa Fichtensprossen, Preiselbeeren, Holunderblüten, Schlehen und Brombeerblätter. Die eigentliche Grundrezeptur stammt von dem britischen Offizier Montgomery Collins. Mastermind hinter Black Forest Distillers, die den Monkey 47 machen, ist Alexander Stein, Spross der traditionsreichen Weinbrand-Dynastie Jacobi. Das Destillationsverfahren ist komplex: eine Kombination aus klassischer Destillation des Mazerats mit zusätzlicher Dampfextraktion über einem Geistkorb. Hier strömen die Alkoholdämpfe über frisches pflanzliches Material. Das fertige hochprozentige Destillat lagert anschließend ein Vierteljahr in Steingutgefäßen, dort wird es harmonisiert. Erst nach der Reifung wird das Destillat mit weichem Schwarzwälder Quellwasser auf immer noch kräftige 47 Vol.-% herabgesetzt. Monkey 47 wird nur grob mit einem Schichtenfilter filtriert, so bleiben feinere Aromen in dem Gin.

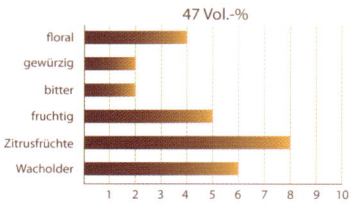

47 Vol.-%

floral · gewürzig · bitter · fruchtig · Zitrusfrüchte · Wacholder

1 2 3 4 5 6 7 8 9 10

No. 3 Gin

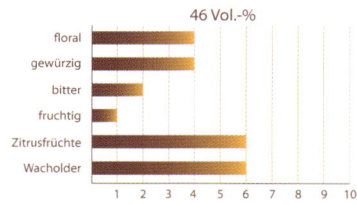

46 Vol.-%

floral									
gewürzig									
bitter									
fruchtig									
Zitrusfrüchte									
Wacholder									

1 2 3 4 5 6 7 8 9 10

Wer als Getränkebegeisterter London besucht, der sollte unbedingt bei der Berry Bros & Rudd (BBR) vorbeischauen. Diese Wein- und Spirituosenhandlung, die in der St. James´s Street No. 3 schräg gegenüber vom St.-James-Palast seit 1698 ein Geschäft hat, ist der älteste Händler dieser Art im Vereinigten Königreich. Schon lange hat die Firma eigene Abfüllungen und Marken von Whisky, Cognac oder auch Gin sowie eine ganze Armada eigener Weine. Im Zuge der zunehmenden Popularität von Gin wurde der London No. 3. kreiert, wobei die Adresse des Londoner Geschäfts Pate für den Namen stand. Auch der Schlüssel auf der Flasche hat einen Bezug zu dessen Räumlichkeiten. Als die Designer, die den Auftrag zur Flaschengestaltung bekamen, auf der Suche nach Ideen den Laden durchstöberten, entdeckten sie ihn. Dieser Schlüssel sperrt die Tür zu einer Art Salon für besondere Kundengespräche oder Vertragsverhandlungen, einem der ältesten Räume des Ladens. Da BBR keine eigene Gin-Brennerei besitzt, wird das Produkt in den Niederlanden bei De Kuyper hergestellt. Der Stil ist klassisch für einen London Dry Gin, Wacholder mit deutlichen Zitrusnoten und etwas trockenem, erdigem Abgang. Ziel der Rezeptur war es, einen Gin zu kreieren, der sich besonders gut für einen Dry Martini Cocktail eignet.

Oro Ibiza

Frauen, die Gin herstellen oder einen eigenen Gin vertreiben, sind eher rar gesät. Hinter der Marke Oro Ibiza steht eine dieser seltenen Frauen. Susanne Straubinger-Meiller ist eigentlich Rechtsanwältin. Von diesem Job hatte sie eine Auszeit genommen, die sie auf Ibiza zubrachte. Dort entstand die Idee, die schließlich zum eigenen Gin führte. Zurückgekehrt nach Deutschland, erwarb sie zunächst eine Edelbrandsommelier-Zusatzqualifikation an der Hochschule Weihenstephan. Der Gin wird in Deutschland destilliert und enthält 13 Botanicals, neben Wacholder, Koriander, Angelikawurzel, Zimt und Zitrusschalen auch Galgant, Ingwer und Johannisbrot. Das Johannisbrot stammt von der Insel Ibiza und soll dem Gin eine besondere Note geben. Wie bei anderen Herstellern auch, werden die Zutaten eine Zeit lang in einem mehrfach destillierten Getreidealkohol mazeriert.

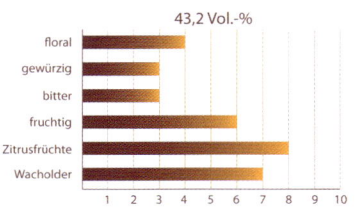

Danach wird in Kupferbrennblasen abdestilliert. Nach der Destillation lässt der Hersteller das Destillat noch eine Zeit lang ruhen, bevor es mit Quellwasser verdünnt wird.

Plymouth Gin

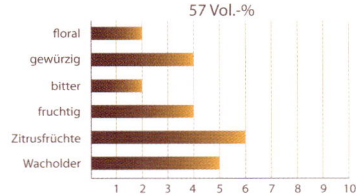

57 Vol.-%

	1	2	3	4	5	6	7	8	9	10
floral										
gewürzig										
bitter										
fruchtig										
Zitrusfrüchte										
Wacholder										

Dieser Gin stammt aus der traditionsreichen Black-Friars-Brennerei in Plymouth. Gebrannt wurde dort nachweislich schon 1697, aber erst 1793 erblickte der heute bekannte Plymouth Gin hier das Licht der Welt. Er ist eine Ikone unter den Gins und soll auf einen Mr. Coates zurückgehen, der zu der Zeit in die Firma Fox & Williamson einstieg, als man dort mit der Ginproduktion begann. Der Gin ist körperreicher mit etwas weniger Zitrusnoten als die meisten London Dry Gins. Der Grund: Bei der Produktion wird ein höherer Anteil an Wurzeln verwendet als bei anderen Gin-Sorten. Im Rezept finden sich Wacholder, Koriander, Zitronenschalen, Orangenschalen, Angelika, Iriswurzel und Kardamom. Die Brennblase für den Gin wurde 1855 eingebaut und ist immer noch in Betrieb. Die Royal Navy kaufte für ihre Offiziere große Mengen des Gins in „Navy Strength", das heißt mit 57 Vol.-%. Um 1850 waren es gut 1000 Fässer im Jahr. Plymouth Gin war sehr populär und wurde von anderen Herstellern kopiert. Die Firma Coates führte früher einige Prozesse gegen die Nachahmer. Bis vor Kurzem genoss Plymouth Gin den Schutz einer geografischen Angabe der EU, die Markeninhaber haben ihn inzwischen aber auslaufen lassen.

Tanqueray

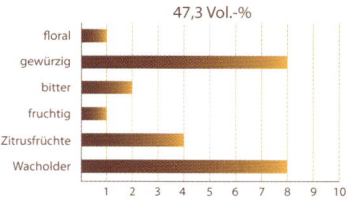

Im Jahr 1830 entschloss sich der damals erst 20-jährige Charles Tanqueray dazu, seine eigene Destillerie in Bloomsbury in London zu eröffnen, denn in dieser Gegend war das Wasser von besonderer Qualität. Bis heute wird der Tanqueray London Dry Gin nach dem Rezept von 1832 hergestellt, das angeblich nur vier Menschen bekannt ist, allerdings nicht mehr in London, sondern in der Nähe von Edinburgh in Schottland. Grundlage ist ein zunächst reiner Alkohol (der auch die Grundlage für Smirnoff Wodka ist); in einem vierten Brennvorgang werden dann die verschiedenen Früchte, Kräuter und Gewürze beigemengt. Seit 1948 wird der Tanqueray London Dry Gin in einer einzigartigen Flasche präsentiert, deren Design wohl einem Cocktailshaker nachempfunden wurde. Tanqueray gilt als sehr trocken. Eine Besonderheit besteht darin, dass er nur vier Zutaten enthält, Wacholder, Angelikawurzel und Koriander sowie etwas Süßholz. Die Botanicals werden nicht wie bei vielen anderen Herstellern zunächst in Alkohol eingeweicht, sondern die Destillation beginnt sofort. Frank Sinatra, Bob Hope und John F. Kennedy waren bekennende Fans dieses Gins.

GIN-COCKTAILS

Bereiten Sie Gin-Cocktails
möglichst immer mit frisch
gepressten Säften zu.
Und dann: Schön kalt servieren
und sofort genießen!

Bronx

Der Bronx ist einer der vergessenen Klassiker mit Gin, der als Drink sehr aromatisch ist.

Geschichte

Wie bei vielen Drinks, die es schon lange gibt, wird die Urheberschaft mehrfach beansprucht. Sicher ist, dass es ihn bereits vor der Prohibition gab, und aller Wahrscheinlichkeit nach ist er in New York entstanden. Ebenso variieren die Mischungsverhältnisse bei diesem Drink. David Embury schreibt richtigerweise in „The fine Art of mixing Drinks": „There are few cocktails the recipes for which differ as widely as this one."

Zutaten

$1/3$ Gin
$1/3$ süßer Wermut
Saft einer Orange

Zubereitung

Im Shaker auf Eis schütteln, und in ein Cocktailglas abseihen.

Dry Martini

Für viele gilt dieser Drink als der perfekte Aperitif.

Geschichte

Seine Geschichte ist ebenso lang wie die Rezeptvarianten (siehe auch Seite 10). Man muss sich zunächst entscheiden, wie trocken er sein soll, denn das bestimmt erstens, welchen Gin man verwendet, zweitens, welchen Wermut man dazugibt, und drittens das Mischungsverhältnis.

Zutaten

7 Teile Gin
1 Teil trockener Wermut

Zubereitung

Der Drink muss kalt sein, sehr kalt! Daher geeiste Gläser verwenden! Der Drink wird auf Eis in einem Rührglas gerührt, bis er kalt ist. Danach in das Glas abseihen.

Noch trockener: Über das Eis im Rührglas etwas Wermut geben, kurz warten und dann die Flüssigkeit abseihen. Danach den Gin zugeben.

Es geht auch, eine Mischung fertig vorzubereiten und in die Tiefkühltruhe zu stellen. Bei Bedarf kann man diese dann direkt ins Glas geben. Da hierbei das Schmelzwasser vom Eis fehlt, ist es ratsam, etwa einen Teelöffel Wasser dazuzugeben.

French 75

Dieser Drink wurde allem Anschein nach im Jahr 1925 in Paris in Harry's Bar erfunden, so steht es in „Harry's ABC of Mixing Drinks".

Geschichte

Mit „French 75" wurde verniedlichend eine tödliche Waffe bezeichnet, und zwar eine französische Kanone, die „Canon de 75 modèle 1897", welche im Ersten Weltkrieg massiv eingesetzt wurde. Allgemein gilt sie als erste moderne Artilleriewaffe. Der Drink wurde vermutlich deshalb so bezeichnet, weil er ebenso eine gewisse Durchschlagskraft besitzt.

Zutaten

6 cl Gin
Saft einer Zitrone
Zucker (keine Mengenangabe)
Champagner

Zubereitung

Auf Eis schütteln und in ein großes Champagnerglas abseihen. Mit kaltem Champagner aufgießen.

Im deutschsprachigen Raum hat sich mit der ersten Cocktailwelle in den späten 1980er-Jahren eine Variante von Charles Schumann eingebürgert: Die Zutaten (1 cl Zitronensaft, 2 cl Gin, 1 dash Grenadine) aus Eiswürfeln schütteln, in ein Champagnerglas abseihen und mit kaltem Champagner auffüllen.

Gimlet

„Was die hier einen Gimlet nennen, ist einfach Zitronen- oder Limettensaft mit Gin und einem Schuss Zucker und Angostura. Ein richtiger Gimlet besteht zur einen Hälfte aus Gin und zur anderen aus Rose's Lime Juice und aus sonst nichts." So spricht Terry Lennox zu Philip Marlowe im Roman „Der lange Abschied" von Raymond Chandler.

Geschichte

Selten hat es ein Cocktail in die Krimi-Weltliteratur geschafft. Die Royal British Navy behauptet, einer der Ihren habe den Drink erfunden, und zwar Rear-Admiral Sir Thomas Desmond Gimlette. Als Arzt auf See habe er es den Seeleuten damit leichter machen wollen, den Limettensaft zu trinken, der gegen den gefürchteten Skorbut helfen sollte. Schon relativ früh kam Roses Lime Juice Cordial zum Einsatz. Eine Art Limettensaftkonzentrat mit Zucker (zumindest damals). Zum ersten Mal hergestellt wurde es 1867 von dem Schotten Lauchlan Rose, der die Idee hatte, den Saft mit Zucker haltbar zu machen, statt mit Alkohol. Dessen Produkt wurde ab 1868 von der Königlichen Marine gekauft.

Zutaten

½ Plymouth Gin
½ Rose's Lime Juice Cordial

Zubereitung

Heute werden die Zutaten kalt gerührt und in ein gekühltes Glas abgeseiht. Meist ein Champagnerglas oder eine Champagnerschale. Als Dekoration bestenfalls eine Limettenzeste.

Gin Fizz

Es soll ein spritziger, erfrischender, kalter Drink sein. Daher die Zutaten gut auf viel Eis schütteln, schnell arbeiten und möglichst kohlensäurereiches Wasser verwenden. Heute sind Longdrinkgläser dafür üblich, in älteren Büchern sind diese noch etwas kleiner.

Geschichte

Er wurde bereits 1876 in einem Buch von Jerry Thomas beschrieben, allerdings heißen die Drinks darin noch „Fiz" mit nur einem „z". Das Rezept hat sich natürlich verändert, eine heute übliche Variante finden wir in Charles Schumanns „Barbuch":

Zutaten

3 cl Zitronensaft
1 cl Zuckersirup
1 Barlöffel Puderzucker
5 cl Gin

Zubereitung

Im Shaker auf Eis schütteln, in ein mit Eiswürfeln gefülltes Longdrinkglas geben und mit Sodawasser auffüllen.

Es gibt unzählige Variationen:
Silver Fizz (mit einem Eiweiß), Golden Fizz (mit einem Eigelb), Royal Fizz (mit einem ganzen Ei), Diamond Fizz (Wasser wird durch Champagner ersetzt).

The Last Word

Der Drink bekommt durch die ungewöhnliche Zusammenstellung der Zutaten eine ganz besondere Geschmackskomplexität. Und wem er prinzipiell schmeckt, dem kann er gefährlich werden.

Geschichte

Die Entstehungsgeschichte dieses Drinks ist, wie so oft, umstritten. In einem Cocktailbuch des Waldorf-Astoria Hotels in New York aus dem Jahr 1951 wird er Frank Fogarty, einem zu seiner Zeit bekannten Künstler der US-Vaudeville-Theater, zugeschrieben. Das war zur Zeit der Prohibition, und der Ort war Detroit, genauer der Detroit Athletic Club. Dieser öffnete 1915, und ein Jahr später stand der Drink schon auf der Karte, mit 35 Cent war er der teuerste dort. Der Drink geriet in Vergessenheit, und erst ab Mitte der ersten Dekade dieses Jahrhunderts wurde er von amerikanischen Barkeepern wiederentdeckt. Daraufhin war er einige Zeit lang besonders bei der mixenden Zunft sehr beliebt.

Zutaten

2 cl grüner Chartreuse
2 cl Gin
2 cl Maraschino-Likör
2 cl frischer Limettensaft

Zubereitung

Die Zutaten auf Eis schütteln und in ein gekühltes Cocktailglas abseihen. Zur Dekoration wird manchmal eine Cocktailkirsche verwendet.

Negroni

Gut zubereitet, ist ein Negroni eine Ikone unter den Cocktails und in jeder ordentlichen Bar erhältlich.

Geschichte

Der Negroni hat einen Vorgänger, den Americano, und dessen Vorläufer nannte sich Milano-Torino und war eine Mischung aus Campari aus Mailand und einem Bitter Amaro Cora aus Turin. Amerikanische Touristen mochten den Drink, und so wurde er zum „Americano". Viele Jahre später hatte ein gewisser Graf Camillo Negroni den Wunsch, diesen Drink mit etwas mehr Kick serviert zu bekommen. Der Barkeeper vertauschte daraufhin das Sodawasser mit Gin, und der Graf war glücklich. Nun verlangten andere Gäste ebenfalls diesen Drink, den Graf Negroni trank, und auf diese Weise kam der „Negroni" zu seinem Namen. Zumindest wird die Geschichte so erzählt.

Zutaten

2 cl Gin
2 cl süßer (roter) Wermut
2 cl Campari
1 Streifen Orangenschale

Zubereitung

Die Zutaten werden in einen mit Eis gefüllten Tumbler gegeben und kurz verrührt. Von einer (unbehandelten) Orange einen Streifen abschneiden, etwas von dem Öl über den Drink spritzen und die Schale hineingeben.

Pink Gin

Ein Pink Gin ist vermutlich einer der britischsten Gin-Drinks, obwohl eine der beiden Zutaten viel mehr mit Deutschland zu tun hat.

Geschichte

Der deutsche Militärarzt Johann Gottlieb Benjamin Siegert entwickelte 1824 in der Stadt Angostura ein Kräutertonikum, mit dem vor allem Europäer behandelt wurden: „Dr. Siegerts Aromatic bitter". Bei der Royal Navy fand dieses Tonic schnell Freunde, und die Offiziere tranken ihren Gin nun oft mit „Angostura", wie der Bitter schnell hieß. Was man nicht vergessen darf: Eis gab es nicht, der Drink hatte also Raumtemperatur. Als Francis Chichester 1966 von Plymouth aufbrach, um in Rekordzeit alleine nach Australien und wieder zurück zu segeln, hatte er nicht nur Plymouth Gin an Bord, sondern ebenso Angostura, um sich mit Pink Gin zu stärken. Wer den Pink Gin „erfunden" hat, lässt sich nicht sagen. Vermutet wird, dass es Siegert selbst war, in der Absicht, Angostura dadurch zu promoten.

Zutaten

6 cl Gin (klassisch Plymouth Navy strength)
5 Tropfen Angostura (oder nach Gusto weniger / mehr)

Zubereitung

In einem Rührglas auf Eis rühren und in eine gekühlte Cocktailschale oder einen Tumbler abseihen. Angostura ist eher orange-bräunlich, auch der Drink hat zunächst diese Färbung, erst durch die Zugabe von etwas Wasser erhält er das klassische „Pink".

Singapore (Gin) Sling

Slings sind eigentlich ganz einfach Mixgetränke aus einer Spirituose, Wasser und Zucker.

Geschichte

Das Raffles Hotel in Singapur beansprucht, der Ort der Erfindung dieses Drinks zu sein. Die Bar des Hotels war ein beliebter Treffpunkt der kolonialen Gesellschaft. Einer der Barleute, Ngiam Tong Boon, soll ihn 1915 dort zum ersten Mal gemixt haben – im Sinne der Gleichberechtigung. Für Frauen war es unschicklich, in der Öffentlichkeit Alkohol zu konsumieren. Boon kreierte einen Drink, der zwar wie ein Fruchtsaft aussah, aber keiner war. Sein Originalrezept ist jedoch nicht überliefert. Das hier verwendete stammt aus den 1930er-Jahren.

Zutaten

3 cl Gin
1,5 cl Cherry Brandy
0,75 cl Triple Sec
0,75 cl Bénédictine
1 cl Grenadine oder Granatapfelsirup
1,5 cl Limettensaft
1 Spritzer Angostura
12 cl Ananassaft

Zubereitung

Im Shaker auf Eis schütteln, in ein mit Eiswürfeln gefülltes großes Glas abseihen und mit einem Stück Ananas und einer Cocktailkirsche dekorieren.

White Lady

Ein Drink für Frauen und ein Drink mit Geschichte.

Geschichte

Der Ursprung liegt in Harry's New York Bar, diese befindet sich in Paris und war vermutlich die erste amerikanische Cocktail-Bar auf europäischem Boden. 1911 eröffnet, ist sie immer noch in Betrieb. Harry MacElhone übernahm die Bar 1923, seinen Nachfahren gehört sie noch heute. Im Jahr 1919 hat dieser Harry im Ciros Club in London einen Drink mit dem Namen White Lady erfunden. Es gibt heutzutage mehrere Varianten, teilweise wird Eiweiß als Zutat verwendet, dies verleiht dem Drink eine bessere Konsistenz.

Zutaten

1/3 Gin
1/3 Zitronensaft
1/3 Cointreau

Zubereitung

Zutaten im Shaker auf Eis kräftig schütteln. Den Cocktail in ein vorgekühltes Cocktailglas abseihen und servieren.

David Embury empfiehlt in „The fine Art of mixing Drinks" folgende Zusammensetzung: 1 Teil Cointreau, 2 Teile Zitronensaft, 8 Teile Gin, ½ Eiweiß. Er rät, den Drink in zwei Schritten zu mixen, zunächst alles ohne den Gin. Wenn die Zutaten mit dem Eiweiß gut vermischt sind, den Gin dazugeben und in eine gekühlte Cocktailschale abseihen.

Glossar

Botanicals
So wird die Gesamtheit der beim Herstellen eingesetzten pflanzlichen Stoffe bezeichnet: Kräuter, Wurzeln, Beeren, Blüten, Gräser, Früchte und Schalen. Ein entsprechender deutscher, heutzutage in diesem Zusammenhang aber nicht mehr geläufiger Ausdruck wäre Drogen. Es gibt Gin-Sorten, die nur aus vier Botanicals bestehen, und solche, bei denen die Hersteller 50 und mehr Zutaten zusammenmischen. Bei der Auswahl spielt auch die geografische Herkunft sowie die jeweilige Qualität der Ernte eine große Rolle.

Dampfinfusion (Vapour Infusion)
Bei der Destillation liegen die Botanicals in einem separaten Behälter, durch den die Alkoholdämpfe geleitet werden. Mit dieser Methode werden meist feinere Aromen erzeugt.

Destillation (lat.: destillare = „herabtröpfeln")
Die Destillation ist ein thermisches Trennverfahren, um verdampfbare Flüssigkeiten zu gewinnen oder Lösungsmittel von schwer verdampfbaren Stoffen zu trennen. Gegenüber anderen Trennverfahren hat sie den Vorteil, dass in der Regel keine weiteren Stoffe hinzugefügt werden.

Einweichen und Brennmethode (Steep & boil)
Die am weitesten verbreitete Methode, um Gin herzustellen. Dabei werden die Zutaten jeweils in 50 Vol.-% Alkohol eingeweicht und anschließend gesamt abdestilliert.

Ester
Sind chemische Verbindungen und das Reaktionsprodukt aus einem Alkohol sowie einer Säure unter Abspaltung von Wasser. Sie sind wichtige Aromageber bei Spirituosen.

Gemischte Herstellung
Hierbei werden Einweichen und Brennen mit der Dampfinfusion kombiniert. Die Botanicals werden nach Geschmack des Herstellers auf beide Methoden verteilt.

Gereifter Gin
Manche Gin-Sorten werden neuerdings kurze Zeit in meist gebrauchte Holzfässer gegeben, um dem Gin weitere Aromen hinzuzufügen. Vor der flächendeckenden Einführung von Flaschen wurde Gin gezwungenermaßen in Fässern transportiert oder aus diesen heraus verkauft.

Glossar

Mazeration
Dabei werden mehr oder minder zerkleinerte Feststoffe in einem Lösemittel eingeweicht, um lösliche Bestandteile freizusetzen. Im Falle von Gin werden also die Botanicals in Alkohol eingeweicht.

Multi-Shot-Verfahren
Dabei wird die Menge der Botanicals gegenüber dem Rezept proportional erhöht (z.B. verdoppelt). Nach der Destillation hat man daher eine Art Gin-Konzentrat. Dieses wird zunächst mit Neutralalkohol gestreckt und erst danach mit Wasser auf die gewünschte Stärke verdünnt.

Neutralalkohol
Möglichst reines Ethanol(landwirtschaftlichen Ursprungs), in der Regel mit 96 Vol.-%, bildet den Grundstoff für die Gin-Produktion.

One-Shot-Verfahren
Hierbei werden die Botanicals nach dem Rezept einmal abdestilliert und das Ergebnis dann mit Wasser auf die gewünschte Stärke eingestellt.

Patent Still / Continuous Still / Column Still / Kolonnendestillation
Arbeitet im Gegensatz zur Pot Still im kontinuierlichen Betrieb. In diesen Brennapparaten wird in hohen Metallröhren – mit vielen Trennböden – der Alkohol aus der vergorenen Maische herausdestilliert. Das kann auch im Vakuum passieren. Hiermit wird beim Gin der Neutralalkohol hergestellt.

Pot Still
Meist kupferne Brennblase zum Destillieren.

Die wichtigsten Botanicals

Wacholderbeeren (Juniperus communis)
Meist wird für den Gin der fast überall vorkommende Gemeine Wacholder verwendet. Dieser wird seit Jahrhunderten in vielfältiger Form zu Heilzwecken eingesetzt und gibt dem Gin seine charakteristische Note. In der Regel wird er in getrockneter Form verwendet.

Angelika (Wurzel)
Vom Geschmack her eher erdig, nussig und wurzelartig, ist die eigentliche Aufgabe von Angelika, beim Gin die anderen Aromen harmonisch miteinander zu verbinden und dem Gin Länge und Körper zu geben.

Glossar

Koriandersamen
Ein Inhaltsstoff der Samen ist Linalool mit frischem, blumigem Geruch, hinzu kommen Zitrusnoten und eine exotische Schärfe.

Zitrusfrüchte
Je nach Gin findet die gesamte Palette Verwendung, Zitronen in fast jedem Gin. Aber auch Limonen, Orangen, Grapefruits, Bergamotte oder Mandarinen. Manche Hersteller setzen die Schalen frisch und nicht wie sonst üblich getrocknet ein.

Veilchenwurzel
Die Bulben der Wurzel der zu den Schwertlilien gehörenden Pflanze besitzen nicht nur eine exotische Schärfe, sondern dienen vor allem zur Fixierung und Harmonisierung der restlichen Botanicals. Die Bulben werden über Jahre getrocknet und vor der Verwendung mehr oder weniger fein gemahlen.

Zimtkassie und Zimt
Es handelt sich um zwei unterschiedliche Gewürze. Die Zimtkassie verleiht dem Gin eine leichte Süße und Wärme. Zimt gibt mehr Würzigkeit.

Mandeln
Mandeln bringen je nach Art einen nussigen, marzipanartigen oder leicht seifigen Charakter. Zudem tragen Mandeln positiv zum Mundgefühl des Gins bei.

Kardamom
Meist wird die grüne Variante verwendet. Kardamom bringt Schärfe, Würzigkeit, zitrusartige Aromen und sogar eine an Eukalyptus erinnende Aromatik.

Süßholz / Lakritz
Neben dem typischen Aroma gibt Lakritz dem Gin eine holzig-erdige Note, bittere Süße und Frische. Die gemahlenen Stangen dienen der gesamten Abrundung eines Gins.

Register

Impressum

Copyright © 2016 GRÄFE UND UNZER
VERLAG GmbH, München
HALLWAG ist ein Unternehmen der
GRÄFE UND UNZER VERLAG GmbH,
München,
GANSKE VERLAGSGRUPPE
www.hallwag.de

Projektleitung: Claudia Bruckmann
Gesamtproduktion: bookwise GmbH, München
Repro: Lana Repro, Italien
Druck: Polygraf Print, Slowakei

Bildnachweis: Bernhard Schäfer: 37, 46, 87;
Fotolia: 35, 39, 85; Getty: 11, 82; iStock: 17, 19,
27, 41, 74, 77, 79, 80, 88; Mauritius: 7, 21, 28,
45, 73; Stockfood: 91

1. Auflage 2016
ISBN: 978-3-8338-5875-8

Liebe Leserin und lieber Leser,
wir freuen uns, dass Sie sich für ein HALLWAG-
Buch entschieden haben. Mit Ihrem Kauf setzen
Sie auf die Qualität, Kompetenz und Aktualität
unserer Bücher. Dafür sagen wir Danke! Ihre
Meinung ist uns wichtig, daher senden Sie uns
bitte Ihre Anregungen, Kritik oder Lob zu unse-
ren Büchern. Haben Sie Fragen oder benötigen
Sie weiteren Rat zum Thema? Wir freuen uns auf
Ihre Nachricht!

GRÄFE UND UNZER Verlag
Leserservice
Postfach 86 03 13, 81630 München

Wir sind für Sie da!

Montag–Donnerstag:	9.00–17.00 Uhr
Freitag:	9.00–16.00 Uhr

Tel.: 00800/72373333 (gebührenfrei in D, A, CH)
Fax: 00800/50120544 (gebührenfrei in D, A, CH)
E-Mail: leserservice@graefe-und-unzer.de

Ein Unternehmen der
GANSKE VERLAGSGRUPPE